커 피
Coffee

김 복 동 著

Eureka • Digerati • BoBos
에듀컨텐츠휴피아
http://www.ecbook.biz

EduContents B&B Book&Brain

커 피 Coffee

발 행 일 초판 1쇄 · 2009년 8월 30일

서 명 커 피 Coffee

저 자 김 복 동 著

발 행 처 에듀컨텐츠휴피아

발 행 인 李 相 烈

출판등록 제22-682호(2002년 1월 9일)

주 소 서울 송파구 문정동 11-8번지 2층

전 화 (02) 443-6366

팩 스 (02) 443-6376

e-mail huepia@daum.net

홈페이지 http://www.ecbook.biz

블 로 그 http://blog.naver.com/bookislove

만든사람들 기획 • 성화연 / 책임편집 • 이정희 / 표지디자인 • 이희자 / 영업 • 이강민

정 가 14,000원

ISBN 978-89-6356-027-4 (93570)

- 이 도서의 국립중앙도서관 출판시도서목록(CIP)은 e-CIP 홈페이지 (http://www.nl.go.kr/ecip)에서 이용하실 수 있습니다.
  (CIP제어번호: CIP2009003408)

국립중앙도서관 출판시도서목록(CIP)

커피 = Coffee / 김복동 著. -- 서울 : 에듀컨텐츠휴피아, 2009
p. ; cm

ISBN 978-89-6356-027-4 93570 : ₩14000

커피[coffee]

573.93-KDC4
663.93-DDC21 CIP2009003408

머리말

커피를 좋아해서 즐겨 마셨습니다.
그러다보니 커피에 대한 관심이 생기게 되었고, 이곳저곳 기웃거리며 배우게 되었습니다.
알면 알수록 궁금한 점은 더 많아지고, 궁금증을 해결하고자 자료를 찾아보고 모으게 되었습니다.

커피의 세계를 체계적으로 이해하기 위해 모은 자료들을 나름대로 정리하게 되었지만, 여기가 출발점이라고 생각합니다.
매번 커피추출과 로스팅을 하면서 새로운 사실을 알게 되었고, 더 맛있는 커피를 만들고 싶은 욕심이 본인한테 숙제를 던져주게 되었습니다.
커피에 대한 지식과 기술은 지금도 진화중이고, 앞으로도 계속 진화되어갈 것입니다.

늘 함께 커피를 마셔주고, 즐거운 시간을 갖게 해준 지인들에게 감사의 마음을 전합니다.
끝으로, 본 저술을 흔쾌히 받아준 에듀컨텐츠휴피아 임직원 여러분께 감사의 말을 전합니다.

2009년 8월 저자 씀

< 목 차 >

커 피

EduContents
B&B
Book&Brain

김복동 著

I. 커피 이야기

1. 커피의 의미 : 한 잔의 커피 이해
2. 커피의 정의
3. 커피의 역사
4. 커피와 문화
5. 커피의 시장
6. 커피 관리 : 커피의 신선도를 지속시키는 방법
7. 바리스타, 그들은 누구인가?

빈센트 반 고흐 <커피 마시는 노신사> 1882

1. 커피의 의미 : 한 잔의 커피 이해

커피하면 떠오르는 느낌

휴식, 여유, 향기, 인생, 쓴맛, 깜깜함, 미묘함, 낙엽, 가을, 그리움, 추억, 사람, 만남, 여행, 길, 창가, 나무와 거리 등

언제 주로 커피를 마시나

정신을 차리려고, 점심식사 후, 회의할 때, 카페인을 섭취하기 위해서, 사람들과 대화하기 위해서 등

커피 brand

스타벅스, 커피빈, 던킨도너츠, 파스구찌, 할리스, 카리부, 맥도날드, 글로리아진, 일리커피, 라바짜, 탐앤탐스, 엔제리너스, 카페데베르, 다비도프, 레쓰비, 동서식품, 네스카페, 맥심, 맥스웰, 테이스터초이스, 자바, 시애틀스 베스트 커피, 털리스, 카리부 등

커피 종류

에스프레스, 아메리칸, 카페라테, 카푸치노, 프라푸치노, 젤라토, 마키아토, 비엔나커피, 사이폰커피, 더치커피, 아이리시 커피 등

커피의 효과에 관한 최초의 실험

스웨덴 국왕 구스타프 아돌프 3세는 1771년 즉위했는데, 관세철폐 같은 자유무역정책과 해군력 증강 같은 성공적인 부국강병책으로 국가의 위상을 드높인 군주이다. 그런데 그는 당시 큰 인기를 끌던 커피에 관해 아주 독특한 실험을 했다.
커피가 몸에 좋다, 나쁘다는 논란이 일었는데, 커피 유해론자들은 커피를 장기간 마시면 죽을 수도 있다고 했다. 그런데 스웨덴은 유럽의 다른 나라와 달리 식민지가 적었으므로 커피가 풍부하게 공급되지 못했다. 따라서 구스타프 3세

는 커피 수요를 의도적으로 줄여 무역수지 역조를 개선하려는 목적으로 커피가 유해함을 강조하고 싶었다.

구스타프 3세는 살인죄로 사형 판결을 받은 죄수 2명을 피실험자로 택했다. 그 중 한 사람은 커피를, 다른 한 사람은 차를 매일 두 잔씩 마시게 했고, 나중에 사면하겠다고 약속했다. 아울러 시험이 제대로 이루어지는지를 의사가 면밀히 지켜보게 했다.

결과는 어떠했을까?
실험은 빨리 끝나지 않았다. 커피와 차를 마시는 죄수들의 건강이 전혀 나빠지지 않았기 때문이다. 그러던 중 죄수 감시를 맡았던 의사가 가장 먼저 죽었다. 그리고나서 구스타프 3세는 정치적 회오리에 휩쓸려 1792년(46세)에 가면무도회에서 심복과 정적에게 암살을 당하고 말았다. 시간이 한참 흘러 차를 마신 죄수는 83세에 죽었고, 커피를 마시던 죄수가 최후의 승자가 되었다.
이 실험은 커피 유해성 논란에 종지부를 찍었고, 스웨덴 사람들은 마음 놓고 커피를 마시게 되었다.

카페인

□ 카페인 1일 섭취 기준량(미국 식품의약품안전청(FDA))

성인 : 400mg
임산부 : 300mg
초중고생 : 체중 1Kg 당 2.5mg

식품별 카페인 함유량(우리나라 식품의약품안전청)

종류	양	카페인
캔커피 1캔	175 ml	74 mg
커피믹스 1봉	12 g	69 mg
콜라 1캔	250 ml	23 mg
초콜릿 1개	30 g	16 mg
녹차 1잔	티백 1개	15 mg

커피 메뉴별 칼로리

종류	칼로리 양
아메리카노	7 kcal
카푸치노	77 kcal
카페라테	132 kcal
카페모카	242 kcal

□ 순기능

각성 효과, 비만예방, 입냄새 제거, 숙취 해소, 피로를 풀어주고, 소변을 자주 보게 되어 노폐물을 빨리 배출, 항산화물질이 풍부하여 알콜성 간경화와 성인형 당뇨병, 통풍을 억제하는 효과가 있다.

□ 역기능

심장 흥분, 위장의 벽을 헐게 하는 부작용, 불안, 메스꺼움, 속쓰림, 수면장애, 가슴 두근거림, 소변으로 무기질 배출로 칼슘 부족의 현상이 나타날 수 있다.

커피는 중추신경을 흥분시켜 뇌의 망상체(의식조절장치)를 작용해 기억력을 높여준다는 실험 결과도 있다.

2. 커피의 정의

커피는 **꼭두서니(Rubiaceae)과**에 속하는 상록수로 커피나무에서 열리는 커피 열매의 씨이다. 이 커피열매는 흔히 체리(cherry) 혹은 베리(berry)라고 불리는데 아프리카 북부 **이디오피아**가 원산지이다.
이 씨를 원두라고 부르며 원두는 **생두(Green Bean)**와 **볶은 원두(Roasted Bean)**로 나눈다.

커피의 재배과정

커피는 남북 회귀선 사이의 '**커피벨트**'라 불리는 적도 아래위 25도 이내, 연평균 강우량 1,500mm 이상인 열대 및 아열대 지역에서 자란다. 즉 커피콩을 재배하기 적합한 지역은 더운 나라의 시원한 고지대, 특히 서리가 내리거나 지나치게 춥지 않은 곳이어야 한다.
강수량은 평균적인 것이 바람직한데 비의 양이 적으면 관개를 하기도 한다. 적당한 일조도 필요하며 지역에 따라 지나치게 뜨거운 직사광선을 피하기 위해 그늘을 만들기 위한 쉐도우 트리(shadow tree)를 심기도 한다. 높이가 6~10cm 가량되는 커피나무의 가지는 옆으로 퍼지고 끝이 쳐져 있다. 커피를 재배하기 쉽도록 관목의 윗부분을 자름으로써 나무의 높이를 조절할 수 있다.

☐ 커피의 재배 좋은 조건

- 평균 20~25℃의 기온
- 지나치게 습하지 않은 규칙적인 비
- 심하게 강렬하지 않은 충분한 햇볕
- 가급적이면 화산지대이거나 비옥한 토양

커피벨트

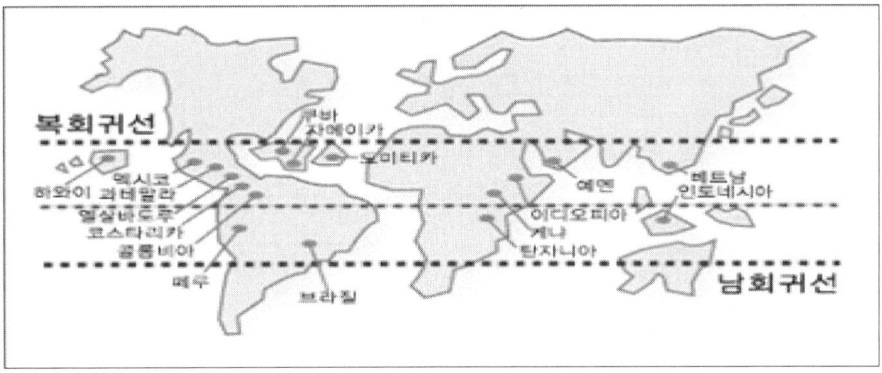

커피를 제대로 재배하려면 심기 전에 먼저 땅을 계단식으로 만들어야 한다. 나무그늘이 층층이 만들어지도록 키가 다른 나무들을 심는다. 예를 들면 먼저 삼나무를 심고 그 다음에 구아바나무(목재용 나무)와 바나나나무를 식는 식이다. 그러나 커피를 대량으로 생산하는 브라질을 비롯한 많은 나라들에서는 평평한 땅을 줄지은 커피나무만을 심고 이를 기계로 경작하는 것이 일반적이다.

한편 파치먼트 상태로 된 커피 종자를 심어 모판에서 커피씨를 발아시킨다. 새로 심은 묘종을 배양하기 위해 커피콩을 밤새 물에 담궈 놓았다가 아침에 묘종을 심고 빛가리개로 덮어준 다음 싹이 틀 때까지 하루에 두세 차례 물을 더 준다. 이때 싹이 트기까지는 대략 50~60일이 걸린다. 모판에서 유기비료를 섞은 흙을 플라스틱 용기에 담아 모종을 키우는데 따가운 햇빛으로부터 모종을 키우는데 따가운 햇빛으로부터 모종을 보호하기 위해(잎을 줄로 엮어 짠) 빛가리개를 대나무틀로 지지하여 그늘을 만들어준다.

싹이 나면 잎으로 만든 빛가리개를 거둔 다음 조금 더 자라도록 내버려두는데 이때 시든 잎과 가지를 떼어내고 세심한 배려를 해주어야 한다. 커피모종은 처음에 날개 같은 잎이 한 쌍 나오는데 이때 모판에서 자란 어린 싹들은 유기비료로 흙이 담긴 조금 더 커다란 모판에 옮겨져 8개월을 난다. 깊이나 간격도 수 cm 간격으로 다시 심는데 이때는 일일이 빛가리개를 해주지 않아도 약간의 그늘만으로도 커피나무는 잘 자란다.

이윽고 모종들이 굵고 튼튼해지면 산자락이나 계단식 밭에 옮겨 심는다. 그 다음에는 잡초를 뽑고 묘목에 양분을 준다. 양분이 되는 비료는 주변에 있는 것들로 만든다. 자연이 우리에게 무상으로 주는 것들을 이용하는 경우 이를 유기비료라 부른다. 유기비료는 뿌리가 2~3개월 전에 섞어 놓는데 재와 발효된 커피껍질, 잘게 자른 잎, 석회, 거름 따위를 섞어 만든다. 그리고는 2주에 한 번씩 이것을 저어주는데 젓는 대나무에 온기가 느껴지면 비료가 다 만들어졌다는 신호이다.

정상적으로 잘 자랄 경우 3~4년 뒤에 나무에 주름이 지고 꽃이 핀다. 이 꽃에는 열매가 달리는데 단단한 녹색의 열매는 익어갈수록 붉게 변한다. 그러면 사름들은 바구니들 들고 열매를 따 담는다. 그 수확기와 재배 횟수는 나라와 재배조건에 따라 다르다. 스페셜티 커피 같은 좋은 커피는 빨갛게 익은 열매만을 손으로 따는 것이 좋다. 그러나 대량으로 생산하고 시설이 갖추어져 있는 경우에는 기계를 이용한다.

커피나무

커피꽃

커피체리

수확한 커피체리

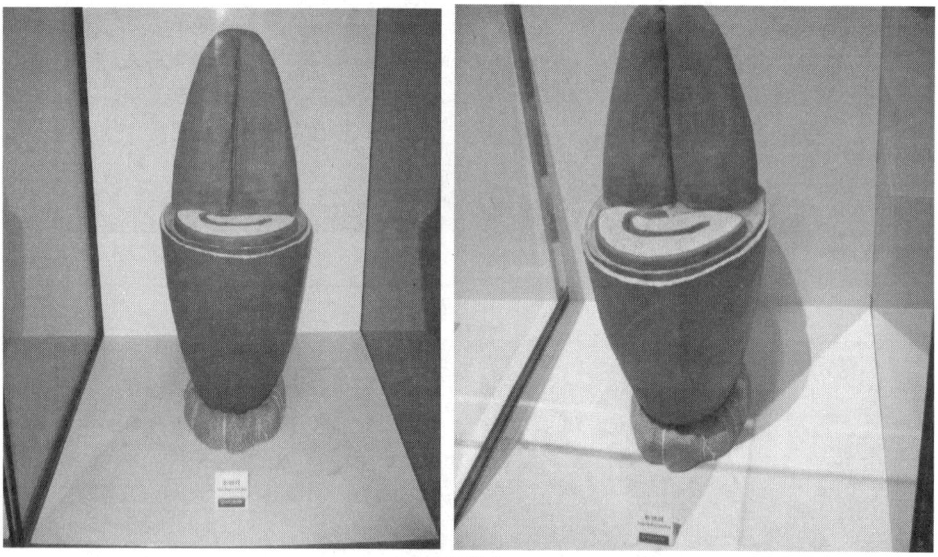

커피빈

2.1. 커피체리 구성

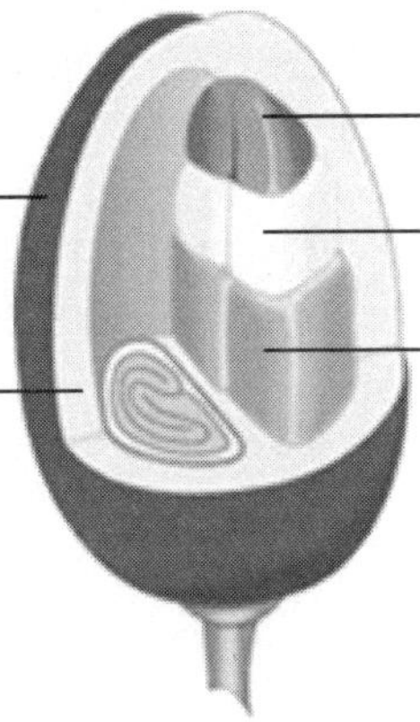

커피체리를 갈라보면 두개의 생두가 마주보고 있는 형태로 되어있는데, 체리 한 개당 두개의 생두가 있다. 가끔 두개의 생두가 하나의 원형으로 붙어 있는 경우가 있는데 이런 오발형의 생두를 피베리(peaberry)라고 한다.
커피체리는 외피(outer skin), 과육(pulp), 내과피(parchment), 은피(silver skin), 원두(coffee bean)로 구성되어 있다.

Tip 커피나무 한 그루에선 얼마나 많은 커피가 열릴까 ?

커피나무는 20피트의 높이로 자라는 것이 일반적이나 수확의 어려움 때문에 8~10피트로 가지치기를 한다. 커피는 주로 수작업에 의해 이루어지는데 약 2000개의 열매로 1파운드(약 450g)정도의 볶은 커피를 얻을 수 있다. 한 열매 안에는 보통 두 개의 커피열매가 들어 있으므로 1파운드의 커피를 얻기 위해서는 4000개의 커피빈이 필요한 셈이다. 물론 열매 안에 두 개의 알맹이 대신 피베리라고 불리는 한 개의 알맹이가 들어 있는 경우도 있으며, 기계로 수확하여 손으로 작업하지 않는 커피나무의 경우에는 훨씬 많은 커피를 수확할 수 있다.

2.2. 커피의 추수하기

커피 열매가 성숙되는 9개월 동안의 재배 후 따기(picking), 벗기기(stripping), 기계사용(mechanical)의 3가지 방법 중 하나를 사용하여 수확을 시작한다.
가장 좋지만 가장 비싼 추수 방법은 손으로 열매를 따는 방법이다. 이것은 덜 익은 푸른 열매와 머누 익은 열매를 골라 거두어 드림으로서 추수하는 사람에 의해 초기의 품질관리를 할 수 있도록 한다.
벗기기(stripping) 방법은 인적 자원이 풍부하지 않은 경우 사용되며, 가지에서 열매를 모두 제거하므로, 미성숙 열매와 과하게 익은 열매, 병충해로 상한 열매 등을 분리하는 단계를 한번 더 필요로 한다.
세 번째 방법은 진동하는 막대기에 의해 기계로 열매를 제거하는 기계적인 방법이다.

2.3. 커피의 가공과정

커피를 재배한 후 처리하는 과정에는 두 가지가 있다.

수세식 방법 : 커피체리로부터 생두를 분리시킨 후 물에 씻어내는 방법
자연건조식 방법 : 커피체리를 딴 후 바로 땅 위에다 널어 햇볕에 말리는 방법

(1) 수세식 방법

커피를 만드는 공정 중 제일 첫 번째로 하는 일이 커피콩에서 껍질을 벗겨내는 일이다. 커피콩의 껍질은 그날 밤이나 이튿날 이른 아침까지 벗겨내야 하는데, 이렇게 벗겨낸 껍질은 잘 보관했다가 나중에 유기비료를 만들 때 사용한다.

축축한 알맹이는 강으로 가져가 씻는다. 물론 대량생산일 경우에는 준비된 시설에서 씻는다. 흐르는 물에 8시간 정도 씻어야 하는데 아주 조심스럽게 해야 한다. 알맹이를 씻어내되 발효가 시작되기 전에 건져내야 한다. 그러고 나면 커피콩에 달라붙어 있는 끈적끈적한 열매의 점액질이 씻겨 나간다.
그 다음은 햇볕에 말리는 긴 건조과정이다. 시멘트 마당이 없는 사람들은 포장도로를 이용하기도 한다. 4시간마다 한 번씩 콩을 뒤집어 주어야 하기 때문이다.
밤이 되면 콩을 끌어 모아 비닐 천으로 덮어준다. 특히 젖은 커피는 곰팡이가 피기 때문에 갑자기 비가 오거나 할 때 재빨리 덮어 주어야 한다. 커피콩을 밖

에서 말리는 동안에 잘 건조되도록 하루종일 갈퀴질을 한다. 커피콩이 자라나기 시작하는 초기에는 습기가 필요하지만 말려야 하는 시기에는 습기가 오히려 성가신 것이 된다.

날씨만 좋으면 2주 정도 후에 커피를 자루에 담을 수 있게 된다. 커피를 자루에 담고 나면 일단 쉬게 해준다. 며칠 혹은 몇 주 과육은 벗겨냈지만 콩은 아직도 얇은 막 속에 들어 있다. 그렇게 휴식이 끝나고 나면 콩자루를 가공공장으로 가져가서 그 얇은 막을 벗겨낸다. 그런 다음 손으로 일일이 콩을 선별한다. 자루에 들어간 상한 콩 하나가 커피의 맛을 망칠 수 있기 때문이다. 위와 같은 과정을 수세식 과정이라 한다.

정리하자면, 수세식 방법은 우선 물에 담갔다가(soaking) 펄핑머신을 이용하여 체리의 살과 씨를 벗겨내고(pulping), 그리고 난 후 원두에 아직 남아있는 잔여물을 없애기 위해 발효시키고(femeriting), 원두에 붙은 살을 물로 씻어낸다.(Rinsing) 잘 씻어진 깍지가 있는 커피(parchment coffee)를 햇볕에 말리고 나면 그 마른 파치먼트 즉 커피의 깍지를 벗겨내는 과정(hulling)을 거치는데 그러고 난 다음에야 커피의 등급을 매긴다.
수세식 방법은 건조식 방법보다 비용이 더 많이 드는 반면, 각 과정을 통해 보다 질이 좋은 커피를 골라낼 수 있으며 맛 또한 부드럽다.

(2) 자연건조식 방법

자연건조식은 커피체리를 딴 후 바로 땅 위에다 널어 햇볕에 말리는 방법으로, 이는 주로 물을 사용할 수 없는 영세한 지역에서 사용되는 전통적인 방법이다. 이렇게 말리는 데는 보통 3~4주 정도 소요된다. 그리고 나서 돌이나 장비를 이용하여 체리껍질과 파치먼트를 동시에 생두로부터 분리시키는데 이것이 수세식에서 말한 헐링에 해당한다. 이 방법은 말리는 동안 지속적이고 일괄적인 뜨겁고 맑은 날씨를 요하기 때문에 날씨의 영향을 받을 뿐만 아니라 과육(pulp)에 기생할 수 있는 미생물의 가능성 때문에 더욱 세심한 주의를 요하며 맛에 있어서 일관성이 떨어지거나 질이 낮은 커피가 생산될 가능성이 있다.
그러나 질 좋은 자연건조 커피는 깔끔함이나 부드러운 맛은 떨어지나 오히려 농익은 과일의 맛을 느낄 수 있어 자연건조 커피를 찾는 마니아들도 늘어나고 있다.

3. 커피의 역사

3.1. 커피의 기원 1 - 이디오피아에서 온 빨간 열매

커피의 기원을 찾아나서면 대륙과 역사를 뛰어넘어 거의 수천 년을 거슬러 올라가게 된다. 어떻게 그 빨갛고 달콤한 열매가 세계에서 가장 널리 소비되는 음료의 원료가 될 수 있었을까. 분명한 기록이나 고고학적 증거가 거의 없기 때문에 커피의 기원과 전래에 대한 이야기는 사실과 허구가 얽혀 재미있는 이야깃거리로만 전해지고 있다.

8세기쯤 아프리카 이티오피아의 카파(Kaffa, 지금의 짐마)에 양치기 소년 칼디(Kaldi)가 있었다. 언덕에 양을 풀어놓고 한가로이 거닐던 칼디는 양들이 어떤 나무의 잎과 열매를 먹더니 평소보다 더 껑충거리고 들뜨는 것을 보게 되었다. 이상한 생각이 들어 양들이 먹는 열매를 직접 따먹어 보자 신기하게도 몸이 가벼워지고 기분이 상쾌해졌다. 칼디는 이 사실을 이슬람사원의 수도승에게 알렸다. 수도승은 그 나무의 열매에서 정신을 맑게 하는 효능을 발견하고 사원에서 수행할 때 먹는 음식으로 만들었다. 이것이 커피다.

세계 최초로 커피를 상용(常用)한 사람은 이슬람교 신비주의 종파인 수피교의 수도승이었는데, 맛과 향을 즐기는 기호음료로 마시기보다 긴 밤을 맑은 정신으로 기도하려고 마셨다. 그들에게 커피는 '졸음을 쫓고 영혼을 맑게 하는 신비롭고 성스러운 것'이었다.

커피의 유래에 대해 여러 가지 이야기가 있지만, 8~9세기경 커피원두가 이디오피아에서 발견된 이후 11~12세기경에 홍해를 건너 아라비아반도의 예멘지역으로 전파되었고 15세기경부터 예멘 지역에서 재배되었다는 것이 정설이다.

그러나 당시의 사람들이 어떻게 커피를 섭취하였는지에 대해서는 좀처럼 짐작할 수가 없다. 커피콩이 처음으로 볶아진 것은 언제이며 우리가 오늘날 느끼는 것처럼 매력 있는 음료로 마시기 위해 가루를 내고 끓이게 된 것은 언제부터일까? 여기에 대한 정확한 기록은 없지만 16세기 후반 유럽의 여행가들은 '아랍인들은 태운 열매로부터 만들어진 거무스름한 시럽을 마신다'고 언급하고 있다.

커피의 식물학상 속명은 coffea다. 영어로는 coffee, 이탈리아어로는 caffe-, 프랑스어로는 cafe-, 독일어로는 kaffee라고 표기한다.

어원에 대한 자세한 기록은 없으나 커피를 처음 발견한 곳으로 알려진 에티오피아의 지명 '카파(Kappa)'에서 유래했다는 학설이 있으며, '기운을 돋우는 것'을 뜻하고 '술'이란 의미도 지닌 아랍어 '카와(qahwah, kahwa)'에서 유래했다는 학설도 있다.

처음에는 커피나무의 붉은 열매를 날로 쓰거나 술을 담가 마셨지만, 나중에는 커피콩(파피와 과육을 벗겨 나오는 씨앗을 말린 것)을 갈아서 곡식 가루나 기름과 섞어 구급약이나 비상식량으로 썼다.

커피를 기호음료로 마시기 시작한 때는 16세기 중엽으로 알려져 있다. 야생 커피나무 숲에 저절로 불이 났을때 그곳 마을 사람들이 불에 볶인 커피콩의 짙은 향기를 직접 맡은 것이 계기가 되었을 것이다. 알피누스가 이집트의 약용식물에 대해 쓴 글에는 금속통에 커피콩을 넣고 볶은 뒤 가루를 내었으며, 분쇄 커피 한 스푼과 설탕을 넣고 끓여서 작은 접시에 나눠 마셨다는 내용이 있다.

3.2. 커피의 기원 ll - 낭만처럼 전해지는 커피의 전래

커피의 기원에 대한 연구도 재미있지만 커피가 각 나라에 어떻게 전해졌는가를 살펴보는 일도 흥미롭다. 나라마다 커피의 전래에 대한 다양한 이야기가 전해지는데 그 이야기들은 사실적인 근거를 바탕에 두고 있기 보다는 그저 낭만적인 전설처럼 전해지고 있다.

아랍의 약으로 알려진 커피가 마침내 유럽에 소개되었을 때 커피는 온갖 병을 치유하는 만병통치약으로 소개되었다. 유럽인들은 나중에야 비로소 아랍인들이 약효 때문에 커피를 마시는 것이 아니라 커피의 향을 즐긴다는 사실을 알게 되었다. 그때 아랍은 이미 원두무역에 대한 독점권을 확보하고 있었는데, 아랍인들은 그들의 커피를 지키기 위해 싹이 터서 발아할 수 있는 종자의 반출을 막고, 열매를 끓이거나 볶아서 유럽행 배에 선적했다. 외국인은 커피 농장 방문이 금지되었으며, 호주머니에 몰래 원두나 묘목을 숨겨 달아나지 못하도록 감시당했다. 그러나 메카로 가는 순례자들은 원두를 가지고 나오기도 하였다.

1616년 마침내 네덜란드의 한 상인이 인도의 순례자로부터 원두를 입수해 그것을 유럽으로 밀반출했다. 이후 70년 동안 네덜란드는 인도네시아의 플랜테이션에서 커피를 재배했고 커피는 네덜란드의 가장 인기 있는 음료가 되었다.

프랑스에서 커피나무가 전래된 것은 1714년 암스텔담 시장이 루이 14세에게 커피나무를 선물한 때 였다고 전해진다. 그러나 프랑스가 본격적으로 커피를 재배할 수 있었던 것은 노르망디 출신의 젊은 군인 끌리외(Gabriel De Clieu)의 애국적 정열 덕이었다. 루이 14세의 정원에서 커피묘목 몇 그루를 구한 그는 자신이 근무하던 아메리카 식민지의 한 곳인 마르티니크 섬으로 향했다. 항해 중 자신에게 할당 받은 식수까지 커피나무에 주며 그는 한 그루의 나무를 마르티니크 섬에 옮겨 심는데 성공했다. 이곳에서 무성하게 자란 커피는 프랑스령 기아나로 옮겨져 번성했다.

브라질에 커피가 전해진 사연은 한결 로맨틱하다. 스페인 연대장은 커피묘목을 구하기 위해 의식적으로 프랑스령 기아나의 총독 부인에게 접근한다. 연대장의 잘 생긴 외모에 연모의 정을 느끼던 총독 부인은 그의 간절한 청을 뿌리치지 못하고 결국엔 화려한 꽃다발 속에 커피 묘목을 숨겨 그에게 선물하게 된다. 그 묘목은 콜롬비아에 옮겨 심어지고 이후 브라질로 퍼져나갔다. 그렇게 브라질과 콜롬비아로 보내진 커피는 최상의 재배 조건위에서 잘 자라 두 나라를 세계 최대의 커피생산국으로 만들었다.

3.3. 커피의 기원 lll - 커피하우스의 등장배경

□ 종교적인 음료였던 커피

커피는 수피교도들이 종교의식의 일부로 받아들였던 때부터 사회적인 음료였다. 참배자들은 밤중에 기도하거나 공부할 때 졸음을 쫓기 위해 커피를 마셨는데, 그들은 법도에 따라 기도 전에 커피를 마시기 위해 모였으며 커피는 종교적인 음료로서 지위를 부여 받았다. 유럽의 여행가들은 아랍인이 모여 앉아 한두 잔의 컵에 커피를 가득 채우고는 원을 따라 컵을 돌리면서 나누어 마시는 것을 보았다고 기록하고 있다. 잔을 자기 앞에만 두거나 옆 사람에게 권하지 않는 사람은 아무도 없었다.

□ 아랍에 등장한 커피하우스

아랍에서는 곧 커피하우스가 등장했는데 남자들은 이곳에서 모여 커피를 마시며 다양한 주제에 대해 토론을 벌이곤 했다. 유럽 여행가들은 아랍에는 커피를 추출하고 마시는 것에 관련된 예절과 법도가 있다고 기록하고 있다. 그들은 커피를 마시기 전에 절을 하고 상대를 존경한다는 표현을 많이 했다. 커피는 친

절함과 환대의 표시로 손님에게 제공되었고 주인과 함께 커피를 마시지 않으면 결례로 생각되었다. 카페에서는 서로 커피를 사겠다며 겨루는 일이 예사로왔는데, 오늘날에도 터키의 작은 마을에 있는 카페에서는 낯모르는 옆자리의 사람이 보낸 커피 한 잔을 마실 수 있다고 한다.

□ 유럽의 커피하우스

커피가 유럽에 전래되었을 때 단지 음료로서가 아니라 그 문화까지 함께 수입되었다. 17세기 런던과 파리에는 수많은 커피하우스가 세워졌다. 1689년 파리에 세워진 카페 프로코페는 오늘날에도 조그만 컵에 담긴 커피를 팔고 있다. 카페 곳곳에 장식된 거울, 대리석, 벨벳 등은 과거의 사치스러운 커피 문화를 짐작케 한다. 1700년경 런던에는 3천 개에 가까운 커피하우스가 있었다고 전해지는데 당시의 인구가 60만이었고 여성의 출입이 금지되었음을 고려한다면 1백명 당 커피하우스가 하나 있었다는 계산이 나온다. 다소 과장된 이야기라 하더라도 당시 커피하우스가 얼마나 성행했는가를 알 수 있다.

유럽에서는 처음에는 궁궐에서 커피를 마시기 시작하여 부르조아, 서민층을 거쳐 모든 계급이 맥주나 와인 대신 커피를 음료로 선택하였다. 그동안 깨끗한 물과 신선한 우유를 접할 수 없었던 곳에서는 독한 소다수, 맥주, 와인이 음료의 전부였다. 그 당시의 생활상을 짐작케 하는 문헌이 있다.

'예전에는 노동자들이 맥주 한 컵을 마시며 하루를 시작했던데 반해 지금은 정신을 맑게 하는 커피로 하루를 시작한다. 커피를 널리 마시게 되자 노동자들의 작업 능률이 향상되었고, 값이 싼 커피는 경제적으로도 이득을 주었다. 선술집들은 문을 닫고 커피하우스로 재 단장했는데 거기에서 사업가들은 맑은 정신으로 일하며 사교할 수 있었다.'

커피하우스는 비즈니스의 장으로 자리잡았는데 특히 영국에서는 사업체로까지 연결되어 로이드 커피하우스의 경우, 세계에서 가장 큰 보험회사의 하나인 로이드 오브 런던으로 차츰 발전했다. 커피하우스들은 런던 항구 가까이에 자리잡았기 때문에 선주, 선장 , 상인, 보험브로커들이 모여들었다. 어떤 사업가들은 커피하우스의 부스 하나를 세 내어 사무실처럼 쓰기도 했다. 커피하우스는 뉴스와 정보의 중심지였다. 그러나 남자들이 너무 많은 시간을 커피하우스에서 보냈기 때문에 런던의 부인들과 찰스 2세는 커피를 금지하려는 시도를 했다. 또한 영국은 프랑스나 네덜란드처럼 커피가 재배되는 식민지가 없었던 반면 동인도회사를 통해 차는 싼 값으로 수입할 수 있다는 경제적인 이유로 인해 커피하우스는 점차 줄어들었다.
프랑스와 네덜란드, 독일에서는 남녀 모두가 커피를 즐겼다. 집에서 주부들이 커피를 직접 끓였으며 커피는 가정의 안락함을 상징했다. 프랑스의 커피하우스는 모든 계급의 남녀가 모이는 존경받는 회합장소였다.

□ 커피 금지령이 내렸던 독일

독일에서는 커피가 인기있었지만 프리드리히 대왕은 커피를 금지했다. 독일 역시 커피가 생산되는 식민지가 없었고 많은 중간상인들을 거쳐 턱없이 비싼 가격으로 커피를 사야 했기 때문이다. 프리드리히왕은 커피금지정책을 추진하기 위해서 시가지에 커피 냄새를 맡고 돌아다니는 사람을 파견했다. 이 사람들은 커피 볶는 냄새를 맡기 위해 코를 킁킁거리며 돌아다녔으며, 위반자들은 발각돼 감옥에 갇히기도 했다. 독일 사람들은 커피 대신 치커리를 마시기 시작했으며 부자들만이 진짜 커피를 마실 수 있었다.

□ 인스턴트 커피를 개발한 미국

미국에서는 1767년 차에 세금을 부과한 타운젠트 법안이 통과되면서 커피를 마시기 시작했다. 현재 미국은 하루 4천 5백만 잔의 커피를 마셔대는 대량소비국이 되었고, 인스턴트 커피 등 여러 가지 커피를 개발해 냈다. 미국인들은 집과 회사에서 커피를 마시는 일이 일반적이다.

□ 일본

일본의 경우 커피묘목이 소개된 것은 1878년이고, 1888년 도쿄 우에노에 커피점이 생겼다.

3.4. 커피의 기원 IV - 우리나라의 커피역사

우리나라에서는 최초로 커피를 접한 사람은 고종황제로 1896년 아관파천으로 러시아 공사관에 머물면서 커피를 마셨다. 러시아 공사는 커피 열매를 건조하여 잘 으깬 다음 끓인 물을 놓고 맛있게 만들어서 고종황제에게 진상하여 시음하게 한 것이 최초라고 전해진다. 당시 고종은 세자(후에 순종)와 함께 약 1년간 러시아 공사관에 머물면서 커피를 마셨고 덕수궁으로 돌아온 뒤에도 그 맛을 잊지 못해 커피를 찾게 되었다. 그때부터 커피는 궁중내의 기호식품으로 자리매김하였다.
그 후 독일인 손탁 여사가 러시아 공사관(정동 위치)근처에 손탁호텔 1층에 커피숍을 차린 것을 시작(1902)으로 개화기와 일제시대에는 명동과 충무로, 소공동, 종로 등에 커피점들이 자리잡았다.
커피의 대중화는 6.25 전쟁 시기에 미군부대에서 흘러나온 인스턴트 커피를 통해 이루어졌다. 최초로 인스턴트 커피를 생산한 곳은 1970년 동서식품으로 우리 국민은 대부분 인스턴트 커피로 처음 커피를 접하면서 인스턴트 커피 위주의 시장이 형성되었다. 이런 배경에서 국내 커피시장은 다른 나라와 비교할 수 없을 만큼 압도적인 인스턴트 커피 위주의 시장으로 발전되었고 달콤하고 진한 커피를 선호하는 경향을 보여 커피믹스가 세계 최초로 개발되는 원동력이 되었다.

우리나라 최초의 커피하우스 손탁호텔

3.5. 한눈에 보는 커피의 역사

인류가 최초로 발견한 이후 약 1,500년간 커피는 중요한 역사적 순간들을 함께 했다. 이디오피아에서 시작해 홍해를 건너 아라비아 세계로 알려졌고 오랜 세월동안 '아라비아의 와인'이라 불렸다. 그 뒤 유럽으로 전해진 커피는 제국주의 시대에는 노예제도를 통해 대량생산되었다. 하지만 이제 아프리카와 중남미 국가들은 커피산업을 발판으로 경제 성장을 꾀하고 있다.

커피의 역사

8세기	이디오피아 산악지대 짐마에서 자생 목동 칼디가 커피를 발견하여 수도승들에게 전파함
11세기	홍해를 건너 아라비아 반도의 알무카(Al-Muka)와 아덴(Aden)항 입성
15세기	아랍의 무역상들이 예멘에 농장규모로 처음으로 커피를 경작하기 시작 아리비아 메카 Mecca를 통해 인도, 이집트, 시리아로 전파
16세기	콘스탄티노플(현재의 이스탄불)로 전파
17세기	터키에서 동서 유럽으로 전파(현재 이탈리아의 베니스, 오스트리아 빈) 교황이 커피에 세례를 줌 1645. 이탈리아 베네치아 산마르코 광장에 '카페 플로리안'이 문을 열음 1650. 옥스퍼드에 야곱에 의해 영국 최초의 커피하우스가 문을 열음
18세기	신대륙 발견에 따른 커피 전파
19세기	유럽 열강들이 아메리카 및 아프리카 식민지에 흑인노예를 동원하여 대규모 커피 재배
20세기	1946. 이탈리아에서 에스프레소 기계 완성 1971. 시애틀에 스타벅스 오픈

4. 커피와 문화

카페는 나의 집의 장점을 모두 갖추고 단점들을 모두 치워낸 우리집이다. 즐겨 찾아가서는 떠나기가 어렵다. 무엇이든 거의 할 수 있고, 아무것도 하지 않아도 좋은 '자유의 터전'이다.

이광주 <베네치아의 카페 플로리안으로 가자>

커피를 아프리카에서 가장 먼저 들여온 아라비아 반도에서는 메카에 최초로 카페가 생기고, 카이로, 아덴 같은 도시에서 차츰 생겼다. 16세기 페르시아의 주요 도심에 카페가 많이 생기면서 노래나 춤, 토론이 어우러지는 장소가 되었다. 페르시아 왕비는 카페에 모인 사람들의 토론이 무질서해질 것을 염려하여 이슬람 율법학자를 보내 시, 역사, 법률 등의 토론은 허용하되 반정부 정치토론은 억제했다고 한다. 카페는 상류층의 중요한 모임장소 역할을 하였다.

유럽에서는 아탈리아의 베네치아, 영국의 옥스퍼드에 카페 처음 등장, 로마설도 있다. 17세기 후반에는 인구 60만 명의 런던에 카페가 3,000개가 생길 만큼 커피 인기가 대단했다. 영국에서는 카페를 <페니 유니버시티>라고 부르곤 하였는데, 1페니만 내면 카페에서 커피를 마시면서 많은 사람과 대화할 수 있어 대학교육을 받는 것과 비슷한 효과가 있었기 때문이다.
카페는 사교장, 게임장, 혁명을 모의한 곳, 사업을 일으킨 장소로 19세기 말까지는 예술가, 지식인 같은 일부 계층만 즐길 수 있었으나 20세기에 접어들면서 대중화되었다.
영국은 20세기 들어 커피문화에서 홍차문화를 향유하는 양상으로 변화하였고, 카페, 커피타임, 커피도자기가 등장하는 배경이 되었다.

커피로 얻는 고객 가치

구입 경로	고객가치
자판기 커피	커피 + 카페인
캔커피	커피 + 카페인 + 휴대성
컵커피	커피 + 카페인 + 휴대성 + 질 좋은 맛
일반점 커피	커피 + 카페인 + 휴대성 + 질 좋은 맛 + 편안한 장소 +브랜드 가치 + 셀프서비스
스타벅스 커피	커피 + 카페인 + 휴대성 + 질 좋은 맛 + 편안한 장소 +브랜드 가치 + 독특한 분위기 + 셀프서비스
호텔 커피	커피 + 카페인 + 휴대성 + 질 좋은 맛 + 편안한 장소 +브랜드 가치 + 독특한 분위기 + 고급스러움 + 풀서비스

자료 : 김민주, 커피경제학, 지훈출판사, 2008.

□ 스타벅스 경험(Starbucks Experience)
스타벅스의 하워드 슐츠 회장은 '스타벅스는 커피를 파는 회사가 아니다'를 끊임없이 강조한다. **'스타벅스 경험(starbucks Experience)'**이라고 정의한다.

스타벅스 경험은 현대사회에 찌든 사람들에게 스타벅스 커피가 사람과 사람, 또 사람과 사회를 연결하는 매개체이며, 가정이나 직장에서 느끼지 못하는 평온한 공간을 제공한다는 것을 가리킨다. 커피를 마시는 행위가 주는 이런 효용은 커피가 주는 크나큰 즐거움이다.

□ 코피스(Coffice) 족

코피스는 커피(coffee)와 사무실(office)을 합친 말이다.
'캠퍼스 코피스 족'은 커피(coffee)와 캠퍼스(campus)를 합친 말이다.

스타벅스의 역사

최초의 스타벅스 매점은 1971년 미국 시애틀에서 개점하였다. 영어 교사 제리 볼드윈, 역사 과목 교사 제프 시글, 작가 고든 보커라는 세 명의 동업자가 점포를 낸 것이었다. 그들은 개인적으로 친분이 있던 알프레드 핏에게서 영감을 얻은 것이었는데, 알프레드 핏은 당시 파이크 플레이스 마켓에서 고품질 커피 원두와 장비를 판매하고 있던 업자였다. 스타벅스 1호점 매장의 위치는 1971년부터 1976년까지 웨스턴 애비뉴 2000번지였다. 이 자리에 있던 1호점 매장은 파이크 플레이스 1912번지로 나중에 이동하였다. 영업 첫해, 세 명의 동업자들은 그린(green) 커피 원두를 핏'츠 커피 &티(핏'츠)에서 사들였으며, 나중에 가서는 커피 원두를 커피 재배 업자에게 바로 사들이기 시작하였다.

1982년 사업가였던 하워드 슐츠가 스타벅스에 합류하였다. 밀라노로 여행을 다녀온 뒤, 하워드 슐츠는 커피 원두뿐만 아니라 커피 및 에스프레소 드링크도 판매해야 한다고 주장하고 나섰다. 스타벅스의 창업주들은 그 의견에 반대하였다. 음료 시장에 진출한다는 것은 당시 스타벅스 기업의 핵심 사업에서 벗어난다는 까닭이었다. 창업주들의 생각으로는 커피란 것은 집에서 만들어 먹는 것이었다. 늘 바쁘고 편한 것을 추구하는 미국인에게라면, 커피 음료를 팔아 잇속을 챙길 수 있다고 확신한 하워드 슐츠는 1985년 "알 기오날레"(Il Giornale)라는 커피 바 체인을 차려 사업을 시작했다.

1984년 제리 볼드윈이 수장으로 있던 스타벅스사에 기회가 찾아왔다. 핏츠(볼드윈은 현재 여기서 일한다.)를 인수할 수 있는 기회였다. 1987년 스타벅스 창업자들은 스타벅스 체인을 슐츠의 일 기오날레에 팔아버렸다. 슐츠는 일 기오날레 매장의 브랜드를 전부 스타벅스로 재빨리 바꾸었다. 스타벅스는 크게 확장하기 시작했다. 시애틀 지역 외 매장으로서 캐나다 밴쿠버에 첫 매장을 내었다(워터프론트 역 (밴쿠버) 근처). 같은 해 시카고에도 매장을 내었다. 1992년 기업 공개를 할 당시에는 스타벅스는 165개의 점포를 소유한 커피점 체인으로 성장하였다.

1995년 하워드 슐츠는 라이트 매세이를 고용하여 매장을 완전히 재디자인(redesign)하도록 시켰다. 라이트 메세이는 시너지스틱 롤아웃 프로그램을 개발하여 하루에 한 매장씩 개장하도록 함으로써 스타벅스 사가 1년에 2천만 미국 달러를 절감할 수 있도록 하였다. 매세이는 또한 창조 서비스 그룹(어: Creative Services Group)이라는 조직을 꾸려서, 그 조직이 단일 브랜드 스토리를 갖고 브랜드 정체성을 만들도록 시켰으며 또한 매장 디자인을 해 나가도록 시켰다. 《스타벅스 성공의 비결(원제:Pour Your Heart On It)》라는 책에서 하워드 슐츠는 이렇게 밝혔다: "라이트 메세이의 목표는 우리의 경쟁자들을 뛰어넘도록, 매장 디자인을 높은 수준으로 만들어 내는 것이었다. 라이트 메세이는 시적이고 미학적인 새 디자인을 만들어 내는 것을 목표로 하였다. 풍부하고 짜임새 있으며, 충분히 강해서 스타벅스의 스토리story를 잘 전달할 수 있는 디자인을 만들어 내는 것을 목표로 하였다. 색의 배치를 찔끔찔끔 바꿔본다거나 새로운 재질의 목재를 사용한다든가, 새로운 스타일의 의자를 갖다 두는 것 같은 것이 아니었다. 스타벅스에 대한 경험experience의 진수를 제시하려고 하였다. 라이트 메세이는 창조 서비스 그룹(creative team)을 이끌어 나갔으며, 신화 같은 것들에 근거하여 판타스틱한 이야기를 지어내기 시작하였다."

스타벅스는 그 당시 고유의 비주얼 브랜드 언어를 창조해 나갔다. 스타벅스의 비주얼 브랜드 언어는 눈에 띄는 것이었으며 또한 남들과 구별되는 것이었다. 코카콜라가 100년 이상 붉은 색을 썼고, 스펜세리언 서체를 썼고, 녹색이 나는 병을 쓴 것과 마찬가지 식이었다. 스타벅스의 비주얼 브랜드 언어는 스타벅스 도안(graphic)의 룩 앤 필(look and feel)을 전달해 줄 수 있는 아이콘, 이야기(story), 컬러 팔레트(color palette) 등으로 구성되었다.

스타벅스는 북미 지역을 뛰어넘어서 해외 최초로 일본 도쿄에서 1996년 스타벅스 매장을 냈다. 1998년에는 영국 커피점 체인 시장에 진입하였다. 60여 개의 시애틀 커피 컴패니의 매장을 인수하고 간판을 스타벅스로 바꿔달면서 말이다. 2005년11월까지 런던에는 맨해튼에 있던 매장보다 많은 개수의 매장이 들어서 버렸다. 이 사실은 스타벅스가 국제적 브랜드로서도 성공을 이루어 냈다는 것을 의미하였다.

5. 커피의 시장

5.1. 세계 커피의 생산, 유통, 소비 현황

□ 세계 커피의 생산과 유통

- 세계 생두 생산 : 년간 약 700만 톤 (100~150억불)

생산년도	2002	2003	2004	2005	2006	2007.10
생산량	7,313	6,231	6,827	6,379	7,290	
가격(c/lb)	47.74	51.91	62.15	89.36	95,75	115.7
생산금액	7,000	6,470	8,480	11,400	14,000	

단위 ; 수량 : 1,000톤, 가격 : Composite indicator price, 금액 : 백만불

- 커피거래소 : 뉴욕(NYBT), 런던, 동경 - 현물과 선물거래
- 주요 생산국 : 브라질(36.0%), 베트남(10,2%), 콜롬비아(9.9%), 인도네시아(4.9%), 인도(4.1%), 멕시코(3.8%), 에티오피아(3.4%), 과테말라(3.1%), 코스타리카, 케냐, 탄자니아 등

□ 세계 커피의 소비 - 지속적 증가 (2007년 기준)

- 생산국 소비량: 180만톤(25%): 브라질, 인도네시아, 에티오피아 등 자체 소비
- 소비국 수입량: 520만톤(75%): 미국:21.9%, 독일:9.2, 일본:7.4, 이탈리아:5.6, 프랑스:5.4, 러시아:2.8, 스페인:2.7, 영국:2.3, 네덜란드:1.9, 벨기에/룩:1.4, 한국:1.3 %
- 1인당 년간 소비량(kg): 핀란드:12.02, 독일:5.86, 미국:4.22, 일본:3.4, 한국:1.67
- 한국은 년간 생두 8만~10만 톤 수입하는 세계 11위 소비국
- 세계 커피 시장: 미국의 커피 시장(제품+서비스)이 약 200억 불이며, 세계 커피시장은 약 800 억 불 규모로 추산함.

5.2. 세계 커피 시장의 새로운 변화

☐ 세계 커피의 소비 증가와 가격의 지속적 상승 (ICO)

- 2003년: 48 c/lb(100), 2007.10: 115 c/lb(240%) 상승

☐ 미국 스페셜티 커피의 지속적 성장

- 스페셜티 커피 시장: 100억불, 년간 10% 이상 성장
- 간편 포장 원두 커피(pod, capsule) 제품의 성장
- 커피 서비스(Café, Coffeehouse, Café bar) 성장

☐ 일본 원두 커피 시장의 성장 - 세계 3위 소비국

5.3. 세계 스페셜티 시장의 현황과 변화

☐ SCAA 스페셜티 커피 정의(Definition of specialty coffee)

- 스페셜티 생두는 a) 결점이 없고, b) 고유한 향미를 가진 커피(Specialty coffee is defined as a coffee that has no defects and has a distinctive flavor in the cup)
    ☞ 결점(Defects): SCAA Green Arabica classification
    ☞ 고유한 향미(Original flavor): SCAA 표준 향미 평가법
- 볶은 커피(Roasted coffee) - 향기가 신선하고(1주) 풍부한 커피(highly ar matic and fresh, with no quaker)
- 추출 커피(Brewed coffee) - 과학적으로 추출하고, 품질이 높은 커피 (correctly brewed and deliver quality In cup)

□ 스페셜티 생두의 규격과 향미 평가점(SCAA & NYBT)

등 급	등급의 명칭	결점 기준	SCAA 향미평가
Class 1	Specialty grade	(defect:0- 5)	향미 > 90 점
Class 2	Premium grade	(defect:0- 8)	80-89
Class 3	Exchange grade	(defect:9-23)	70-79
Class 4	Below standard	(defect:24-86)	60-69
Class 5	Off-grade	(defect: >86)	< 59

- 생두 등급: SCAA Arabica Green Coffee Defect Handbook)
- 향미 평가: SCAA The Coffee Cuppers' Handbook

□ 미국 스페셜티 커피 시장 - 년 10% 이상 성장

	2001	2002	2003	2004	2005
시장 규모(억불)	83.0	84.0	89.6	96.2	105
커피하우스 수	13,800	15,400	17,400	18,600	21,400

커피 서비스 형태	2005 매출	점포수	점포 년 매출
Coffee Cafes	76.5 억불	13,900	550,000
Coffee Kiosks	9.9	3,300	300,000
Coffee Carts	3.5	2,500	140,000
Coffee bean retailers	15.7	1,700	925,000
Mass Merchandiser	4.9		
스페셜티 시장규모	105.6 억불	21,400	

- 전체 커피 시장: 약 200 억불의 약 50% 이상으로 성장

□ 세계 스페셜티 커피 콩의 생산량

생 산 국	생산량(bag/60kg)	비 율	최적구매(*1)
콜롬비아	3,540,000	30.0	11 - 3월
과테말라	1,521,000	40.0	3 - 7
코스타 리카	990,000	45.0	3 - 6
에티오피아	700,000	21.5	3 - 6
케냐	473,000	45.0	3 - 6
브라질	320,000	1.0	8 -12
인도네시아	285,000	5.0	11- 3
멕시코	279,000	6.0	3 - 7
엘 사바돌	195,000	15.0	3 - 7
혼두라스	140,000	5.0	3 - 6
파프아 뉴기니	116,000	10.0	8 -11
세계 전체	8,976,000	8.5 %	
전체 생두 량	106,050,000	6,400,000	

자료: USDA 2003/4, *1: Nicholas, 2002 SCAA coference

□ 스페셜티 커피 인증제(Certified Specialty) - SCAA 추진

예: Roasted coffee beans

Certified Specialty

- Purity : 1 lb 볶은 커피 중 결점두가 0.1%(0.45g) 이하
- Freshness : 볶은 일자를 포장에 표시
- Authenticity : SCAA Labeling guideline(origin, Certification mark, Federal labeling requirement)
- Quality : Taste standard - Green bean rated at 80 % or higher approval by certified panel

(자료: Certified Specialty - An Industywide Initiative, C. Wolthers et al, SCAA conference, 2002/ Director of technical committee, SCAA)
미국 스페셜티 커피하우스: 안락한 카페형에서 신속히 서비스하는 테이크아웃형으로 변화

□ 일본 원두 커피 시장의 성장과 변화

- 세계 3위 소비국 - 생두 수입 430,000톤
- 원두 커피 성장: 1990=100 2004=149 (169천 톤)
- 인스턴트 정체: 1990=100 2004=105 (42천 톤)
- Dark roast 커피와 1 회용 Drip bag coffee 급 성장
- 커피 음료의 성장-1980=100 2004=120 (270만 KL)

□ 한국과 일본의 커피 시장 비교

항 목	한 국	일 본
년간 생두 수입/사용량	80,000 톤	400,000 톤
- 볶은 커피용 (톤)	5,000 (6.5%)	156,000 (41%)
- 음료용 커피 (톤)	10,000 (12.5%)	106,000 (28%)
- 인스턴트 커피용(톤)	65,000 (85%)	118,000 (31%)
1인당 생두 소비량(kg)	1.7	3.3
1인당 년간 총 음용잔수	300	470

비고 : 1인당 소비잔수: 인스턴트 커피 1잔 생두 4 그람, 볶은 커피 1잔 생두 8그람 기준, 공업/음료용 커피는 커피 소비잔 수에 넣지 않음.

5.4. 한국 스페셜티 커피의 전망과 과제

☐ 한국 커피 시장의 현황과 문제점

- 커피 소비량: 약 8 만~10 만 톤 (세계 11 위)
- 커피 제품 매출액: 1조원 이상 (관련 제품 포함)
- 국민 1인당 년간 소비량: 약 300잔 (원두커피: 5-8%)
- 인스턴트 커피 : 국제 경쟁력 (수출: 6천만 불 이상)
- 원두 커피 : 신선한 원두의 유통 체계가 없고, 커피하우스의 커피도 고객들을 만족시키지 못하고 있다.
- 전망 : 년간 1인당 소비량 1.6kg로, 일본의 50 %,
  미국의 40%, 유럽의 30% 수준. 향후 지속적으로 증가 할 여건이나, 그 속도는 신선하고 향기 풍부한 원두커피를 서비스 할 수 있는 유통과 커피하우스의 변화에 달려있다

☐ 커피 콩(生豆)의 수입 수출

(단위: 1,000 톤)

	1998	1999	2000	2001	2002
생두 수입량	61.4	64.0	74.2	74.3	80.0
품종별 수입%					
콜롬비아	8.9	11.2	9.9	9.4	7.9
어더 마일드	30.5	29.1	25.9	22.3	22.3
브라질	9.7	11.0	10.9	11.6	12.4
로부스타	50.9	48.7	53.3	56.7	57.3
수세arabicas	39.6	40.3	35.8	31.7	30.3

자료: Coffee Market by Bryan Lewin, 2004, World Bank

□ 커피 제품 수입과 수출

	2002	2003	2004(상반기)
총 수입액 (백만불)	84.2	103.3	79 (가격 상승)
볶은 커피 (톤)	810	800	-
총 수출액 (백만불)	60.0	64.0	-

□ 최근의 국내 시장 동향

- 커피 시장 규모: 1조 8천억 규모(AC닐슨/월간 커피 2007.11)
- 커피전문점 규모: 약 3,000억 (AC 닐슨/월간 커피 2007.11)
- 도너츠, 햄버거, 아이크림점 - 카페 형으로 고급화 및 커피 강화
- 커피 음료의 고급화: 매일/바리스타, 롯데/칸타타, 스타벅스/에스프레소
- 대기업 및 외국 커피 체인 시장 진출 모색

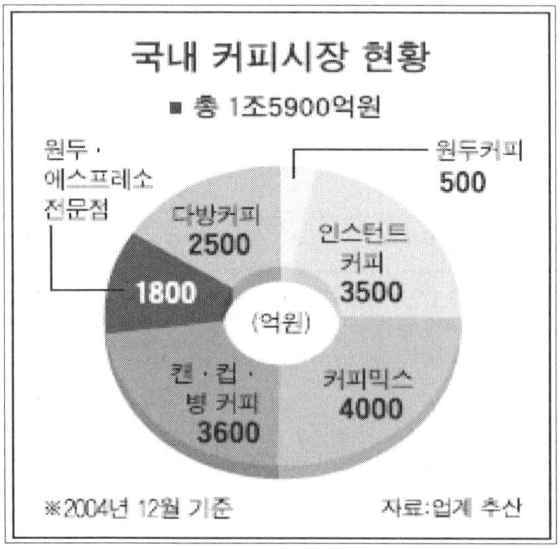

자료: 중앙일보, 2006.5.12

국내 주요 커피 전문점 현황

구분	매장명	회사명	2007년		2008년		2009년 목표	
			매장수	매출액	매장수	매출액	매장수	매출액
외국계 브랜드	스타벅스	스타벅스코리아	233	1,350억	270	1700억	320	2,000
	커피빈앤티리프	커피빈코리아	104		150		200	1,300억
	카페 네스카페	대한제당	75		75			
	엔제리너스	롯데리아	91	330억	148	650억	250	900억
	파스쿠찌	SPC그룹	29		29			
국내 브랜드	로즈버드	대상	250		250			
	이디야에스프레소	이디야	208		208			
	할리스	할리에이치앤엔	130	450억	183	671억	236	873억
	탐앤탐스	탐앤탐스	65		111	360억	187	800억
	스위트번스	비즈탑	40		40			
	다빈치	(주)다빈치커피	69	175억	92	190억	130	240억

자료 : 월간 커피, 2008. 5월호

한국, 미국, 일본의 커피 소비 형태 비교 (2006년)

	국민1인당 년간소비	년간커피수입량 (톤)	커피 종류별 원두커피	소비 비율 인스턴트
미국	600 잔	1,300,000	92%	8%
일본	470 잔	430,000	40%	60%
한국	300 잔	100,000	5%	95%

□ 한국 커피 시장의 장기 전망 (2015년 기준)

- 국민소득 20,000에서 30,000불로 증가하고와 세계화로 커피 소비가 20% 증

가(300잔에서 360잔/년)할 것으로 예상한다.

- 인스턴트 vs 원두 커피의 소비 비율도 85:15로 변화 예상한다.

	2006년 시장		2015년 예상(음료용 제외)		비고
	소비비율	생두량	소비비율	생두량	
원두 커피	5%	5,000	15%	15,000	3배 성장
인스턴트	95%	70,000	85%	85,000	

- 스페셜티 커피(고급 볶은 커피, 고급 추출커피와 에스프레소 음료)가 성장의 중심축이 될 것이다. 전망하는 근거는,
  첫째, 소득의 증가
  둘째, 미국 스페셜티 커피의 세계화 추세
  셋째, 소비의 고급화 추세 - 생활의 여유

□ 한국 스페셜티 커피 산업을 성장시키기 위하여 필요한 과제

(1) 스페셜티 커피의 규격 및 품질 인증제도 확립 (학계와 산업계)

- 스페셜티 생두 규격: SCAA Green Arabica Coffee Classification System
- 볶은 커피: 신선도 기준과 유효 기간 설정 - 향미 평가와 잔존 산소 (1%)
- 추출 커피 규격과 기준: 우수 커피 인증제 - 과학적 추출과 향미 평가
- 에스프레소 음료 규격과 기준: '완전한 에스프레소'의 10가지 요소 관리

(2) 스페셜티 볶은 커피의 신선도/유효 기간 보장 운동 추진 (산업계)

(3) 바리스타, 매니저, 창업 교육 체계화로 커피 서비스 품질 향상
(바리스타 자격 인증제 (정부)로 5~10 만 명 새 일자리 창출)

- 표준 향미 평가 훈련: SCAA Coffee Cuppers' Handbook
- 과학적 커피 품질 관리 방법의 교육[1)]

---

1) 자료 : 문준웅, 스페셜티 커피의 현황과 전망, 2007 서울 카페쇼세미나, 2007. 11. 29

6. 커피 관리 : 커피의 신선도를 지속시키는 방법

커피의 향미를 보존하라.

볶은 커피의 성분은 시간이 지남에 따라 공기 중의 **산소**나 **습도**에 의해 쉽게 변질된다. 그러므로 아무리 좋은 생두라 해도 볶은 후 제조, 유통 과정은 물론 보관 과정에서 그 신선도가 유지되지 못하면 쓰고 맛없고 건강에도 해로운 커피가 되고 만다.2)

그러기에 각 커피유통업체들은 향미를 잡아두기 위한 방법을 여러 가지 개발해 왔고 현재에도 개발 중이다. 다양한 보존 방법들에 대해 알아보고 가정이나 숍에서 개봉 후의 커피를 어떻게 보관하는 것이 현명한지에 대해 알아보자.

(1) 커피향미 변질 요소들

상온에서 커피를 저장할 때 볶은 커피콩은 2주쯤 후부터, 분쇄한 볶은 커피는 3일 후부터 신선한 향기가 현저히 떨어진다. 이는 볶을 때 향기의 오일이 셀의 벽을 뚫고 나오기 때문이다. 또한 분쇄후 수천 개의 셀 틀을 깨고 나온 향기가 공기속으로 내보내져서 산소와 습기를 취하게 된다. 물론 커피콩의 로스팅 방법이나 볶음 정도, 분쇄방법, 분쇄커피의 입도 등에 의해 그 정도의 차이가 있으나 커피의 향미를 빼앗는 주된 범인은 바로 공기 중의 산소와 수분, 온도이다.

산소
볶은 커피의 향기 성분은 포장 내에 산소가 아주 조금만 있어도 완전히 산화해 버리므로, 부분적인 진공이나 질소 치환을 통한 포장으로는 기대하는 효과를 거두지 못한다. 볶은 커피 1파운드가 완전히 산화되는 데는 산소 14ml(공기 70ml)면 충분하다고 한다. 진공포장 할 때도 진공도가 29인치 이상 되어야만 신선한 향기를 보존할 수 있다고 한다. 산패의 작용 원리는 완전히 밝혀지지 않았지만 주된 원인은 바로 향기 성분 간의 상호작용과 산화다. 지방의 산패도 한 때 원인으로 추정하긴 했지만 주요하지 않음이 밝혀졌다. 산화에 있어서는 커피의 휘발성 성분 중 중요한 향기 성분인 유황화합물이 산화하는 것이 산패의 주요 원인이라 할 수 있다.

수분
볶은 커피가 수분을 흡수하면 향기 성분의 산화가 촉진된다. 상온에서 저장할

---

2) 문준웅, <커피와 차>, 현암사.

경우 상대습도가 100%일 때는 3~4일, 50%일 때는 7~8일, 0%일 때는 3~4주 후부터 산패한다고 한다.

온도

볶은 커피를 저장하는 온도가 10℃올라갈 때마다 향기 성분은 2.3배씩 빨리 변한다는 보고가 있다. 상온에서 저장하면 냉장고에서보다 향기 성분이 10배나 빨리 변하므로, 신선도를 유지하려면 볶은 커피는 냉동 보관하여 유통하는 것이 좋다.

볶음 정도와 분쇄입도

큰 차이는 아니지만 커피콩의 볶음 정도와 분쇄입도도 향기변화에 영향을 준다. 강하게 볶으면 약하게 볶을 때마다 조직이 많이 팽창하여 더 다공질이 되기 때문이다. 그 결과 공기와 접촉하는 면적이 넓어지므로 빨리 산화된다.. 고온 단시간 로스팅해도 저온 장시간 로스팅할 때보다 조직이 더 다공질이어서 산화가 빠르다. 프렌치 로스트로 볶아 표면에 기름이 배어나온 커피콩은 더욱 더 빨리 산패한다.

(2) 유통되는 커피 포장법

먼저 포장할 때 필요한 공정으로 산화가 최소한 일어나도록 제어하는 것이 중요하다. 볶은 커피는 가스를 방출하므로 포장하기 전에 적당히 탈기(脫氣)해야 팽창하지 않는다. 볶은 커피콩은 탈기하는 데 매우 오래 걸리므로, 8~24시간 동안 가스를 저절로 방출하도록 두었다가 포장하고 그 뒤에도 작은 구멍을 내어 계속 방출하게 한다. 볶은 분쇄커피는 탈기하는데 짧게 걸리지만 볶은 정도와 분쇄입도에 따라 1~8시간이 필요하다. 이때 산화가 쉽게 일어나므로 아주 빨리 포장해야 한다. 커피를 볶은 후에는 가스 방출과 함께 향기의 손실도 급속히 진행되므로 고온 처리, 진공 처리, 불활성 가스 처리 등으로 탈기를 촉진하는 방법이 현재 개발 중이다.

밸브 포장

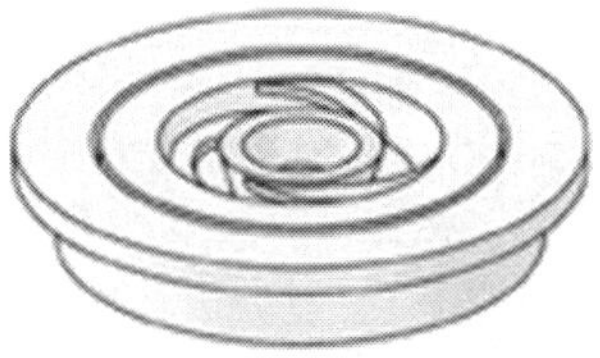

밸브 포장은 커피 유통, 제조 과정에서 가장 보편적으로 쓰이고 있는 방식이다. 아로마 밸브, 후레쉬 밸브, 또는 공기가 한 방향으로만 이동할 수 있다고 해서 One-Way Valve라고도 불리며 생긴 모양 때문에 배꼽이라는 닉네임을 갖고 있기도 하다.

커피 포장지에 이 밸브를 달아놓으면 포장지 내부의 기체는 밸브의 구멍을 통하여 외부로 나올 수 있지만 외부의 공기는 내부로 들어갈 수 없게 된다.

진공포장

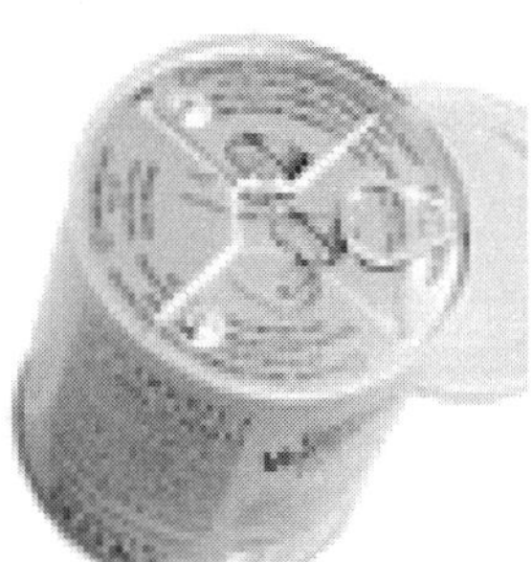

금속제 용기에 분쇄커피를 진공 포장하여 신선도를 보존하는 방법은 가장 오랫동안 썼다. 최근에는 금속제 용기 대신 가스가 투과하지 못하는 복합필름을 많이 쓴다. 진공도를 28.5inHg 이상 되도록 포장해야 산소함량이 1.0% 이하가 되어 신선도를 오래 보존할 수 있다. 진공포장할 때는 미리 충분하게 탈기하여 포장 후에 진공도가 떨어지지 않도록 하는 것이 중요하다.

질소포장

커피 포장 속의 공기(산소)를 불활성 가스인 질소로 치환하여 장기간 보존하는 방법을 질소포장(Nitrogen gas package)이라고 한다. 포장 속 산소함량이 1.0% 미만이도록 완전히 치환하는 것이 중요하다. 가스를 치환하는 원리에 따라 포장을 진공상태로 만든 다음 질소를 충전하는 방법, 포장 속의 공기를 질소로 치환하는 방법이 있다. 후자는 복합필름용 포장기에 적합한 방법인데, 이러한 질소포장기를 공급하는 전문회사로 Rovema, Hesser, Ferrum 등이 유명하다.

가압포장

가압포장(pressurized package)은 이탈리아의 illy 제조회사에서 개발한 향기 보존 포장인데, 세계적으로 보편화된 방법은 아니다. 안전밸브가 부착된 금속제 용기에 볶은 커피를 넣고 산소를 100% 제거한 후 압축된 질소를 가압하여 포장하는 방법이다. 이탈리아의 커피 회사인 (주)일리에서는 가압포장을 하면 포장내 커피가 숙성하여 갓 배전된 다른 커피 원두보다 신선하고 향과 향미가 강하고, 향기 보존 효과가 우수하다고 주장한다.

(3) 가정, 숍에서의 커피보관법

산패는 산소에 의한 부패를 말한다. 수분은 커피의 향미성분들에 결정적인 영향을 미친다. 어찌 보면 그 정도에 따라 산소보다 더 향미를 변화시키는 것이 수분이다. 그리고 보관처의 온도가 높으면 커피 내부의 향미 성분들과 이산화탄소 등이 활성화하여 빠른 속도로 향미가 빠져나간다. 온도와 시간의 관계는, 온도 10도가 높을 때 보존 기간은 2.3배 줄어든다. 반대로 10도 낮으면 2.3배 더 오래 보관할 수 있는 것이다.

이렇게 민감한 커피이건만 일반적으로 너무나 당연하게 알려져 있는 몇몇 보관 방법에 실은 치명적인 오류가 있다. 이들 가운데 반드시 고쳐야 할, 그리고 고치기만 하면 즉시 훨씬 오랫동안 신선한 커피를 즐길 수 있는 오류들을 검토해 본다.

[오류1] 밀폐용기에 넣어서 보관한다?
이는 아주 좋지 않은 방법이다. 처음 밀폐용기에 담았을 때에는 산소를 막아주기 때문에 분명히 그럴 듯한 방법이라고 생각할 수 있겠지만, 커피가 줄어 들어감에 따라 용기 속 공기층은 넓어져 가는데, 정밀한 실험에 의하면 공기 중에 1%의 산소만 있어도 커피는 빠른 속도로 산패가 진행된다. 게다가 열었다 닫는 순간에 산소를 잔뜩 머금은 신선한 새로운 공기와 함께 수분도 같이 따라 들어간다.

[오류2] 밀봉하여 냉장실이나 냉동실에 보관?
커피 보관법에 대한 강의를 하다보면 커피를 포장지에 잘 밀봉하여 냉장실이나 냉동실에 보관하여 두고 그때그때 빼서 사용한다고 자랑스럽게 말하는 이들이 있다. 아마도 누군가에게 듣거나 어디서 배워 사용하는 방법일 텐데, 아마 전체 뜻을 부분적으로 이해한 경우일 듯싶다. 냉동실에 보관할 때는 커피빈의 오일이 얼때 함께 응고되고는 해동하여도 원래 상태로 되돌아오지 않는다. 하지만 오래 마시지 않는 경우는 냉장고보다는 냉장실에 보관하는 편이 낫다.

[오류3] 살 때 미리 분쇄해 두고 먹는다?
커피의 입자는 볶은 콩 상태일 때 비교적 크기 때문에 향기요소들을 머금고 있기가 비교적 쉽다. 그러나 일단 분쇄되고 난 후에는 입자가 작아지기도 했거니와, 입자의 표면도 넓어져서 향기가 달아나기 좋은 조건이 된다. 그래서 산 지 하루만 되어도 많은 향기 성분들이 빠져나가버려 뜨거운 물에 거품이 잘 일어

나지 않는다. 그러므로 가능하면 전동 분쇄기를 하나 살 일이지만 여건이 허락하지 않는다면 되도록 수동 분쇄기라도 꼭 장만하여 그때그때 갈아마시자.

(4) 모범적인 매입법과 보관기술

그렇다면 지금까지의 내용을 바탕으로 가장 모범적인 매입법과 보관 방법을 정리해보자.
매입은 나의 취향에 맞는 신선한 커피를 골라서 적정량 매입하는 것이 좋다. 취향에 맞는 커피를 찾기 위해서 자신이 가지고 있는 기구를 알리고 그에 적합한 커피를 찾아본 후에 가능한 한 비교 시음을 하면서 볶은 지 가장 짧은 신선한 커피를 찾아서 일주일 정도 사용할 분량만 매입하는 것이 좋다.
커피를 직접 볶는 집에서 사는 경우라면 커피가 떨어지기 사흘 전쯤에 그날 볶은 커피를 일주일 사용할 정도만 매입하여 상온에서 보관하여 커피에서 나오는 강 휘발성 향기를 집안에 풍기도록 하면 좋을 것이다. 사흘이 지나 먼저 사용하던 커피가 떨어지면 이제 막 최상의 맛을 내기 시작한 새로 사온 커피를 개봉하라.
처음부터 정확하게 매입하기는 쉽지 않겠지만 늘 노력하다보면 맛에 대한 감각도, 매입하는 기술도 늘 것이다.

앞의 매입 과정은 처음부터 완벽을 기하기가 쉽지 않겠지만, 보관 기술은 정확히 할 수가 있다. 앞서 이야기하였지만, 커피가 싫어하는 4대 요소는 산소, 습기, 따뜻함과 세월이라고 했다.
일단 개봉한 커피는, 이를 계속해서 사용하는 이상 산소나 습기로부터 완벽하게 격리하기는 불가능하다. 따라서 되도록 당장 사용할 정도의 소량 매입을 권하지만, 사정이 여의치 않아 다량 매입하여야 할 경우에는 소단위 포장으로 매입하는 것이 유리하다. 그래야 일단 개봉한 후에도 짧은 시간에 남기지 않고 사용할 수 있기 때문이다. 이로써 산소와 습도 문제를 어느 정도 해결한다고 볼 수 있다.

(5) 구입부터의 마음자세가 향미를 결정한다?

어느덧 '커피 한 잔'이라는 말이 일상용어가 되어버린 요즘 다른 먹을거리에 비하면 그저 짙거나 연한 고동색 액체일 뿐인 이 단순한 음료를 어떻게 하면 마지막까지 향미를 잘 보존해 맛있게 즐길 수 있을 런지는 웬지 좀 모호하다. 어떤 커피가 정말로 맛좋은 것인지, 어떻게 하면 같은 커피라도 좀 더 맛있게 마실 수 있을까? 이를 위해서 먼저 커피가 우리에게 주는 형이상학적 즐거움은 무엇인지, 물리적인 즐거움이 무엇인지 정확히 아는 것도 향기 있는 커피를 즐기는 노하우일 것이다.

커피나 음료를 마시는 첫째 즐거움에 대해 '홀로 앉아 호젓하게 즐기는 한 잔의 여유'라고 말하는 이들이 가장 많다. 이는 흔히 서양 사람들 말하는, 대화 사이에 한 잔, 혹은 한 모금과는 조금 다른 의미라고 여겨진다. 또 어떤 경우에 커피가 생각나느냐고 물었을 때에 대한 대답도 분위기와 관련한 것들이 많다. 이는 배가 고파 허기를 채우는 먹을거리와는 다른 정적인, 영혼의 양식을 위함이라는 뉘앙스를 풍긴다. 이는 탄산음료가 주는 동적인 즐거움과는 대조되는 다른 커피만의 특별함이다.

커피의 양감과 질감을 음미할 것

그러나 여기까지는 너무 형이상학적이어서 명료한 이유는 되지 못한다. 그렇다면 커피가 주는 물리적인 즐거움을 말해볼까? 커피에는 먼저 독특한 향이 있다. 인스턴트 커피에 설탕과 크리머를 듬뿍 넣고 뜨거운 물에 넣고 휘휘 저어 만든 커피에서도 묵직하면서 강렬한 향기에 매혹되고 수입 커피의 오랜 향기조차도 사람의 발길을 끄는 매력이 있는데 하물며 신선한 커피를 갓 볶아낸 향기에 대해서는 말해 무엇 하겠는가? 또 그 맛은 어떤가? 그 달콤하고 쌉싸름하고 시큼하고 부드러운 맛은 어디에도 비교할 수 없을 만큼 황홀하다. 그렇다면 이러한 풍부한 맛과 향의 커피를 시중에서 어떻게 구별해낼 수 있을까?

커피 매입시 따져봐야 할 조건

커피는 그 제조과정이 와인과 아주 흡사하다고 한다. 그렇지만 결정적으로 다른 것이 있다. 와인은 발효시킨 후에 숙성 과정을 거치면서 맛이 좋아지고 깊어지기도 하지만, 커피의 특성은 와인과는 전혀 달라서 볶는 순간부터 생명과도 같은 향기가 도망가기 시작한다. 가스가 빠져나가는 하루 이틀 정도 맛이 안정되는 시간을 가지기는 하지만, 그 강렬한 향기의 손실을 감안하면, 볶는 순간부터 곧바로 내리막길이다. 그래서 커피를 살 때의 첫째 요령은, 볶은 지 얼마 안 된 최대한 신선한 커피를 사는 것이다. 가능하면 볶는 즉시 사는 것이 좋다.

그 다음은 자기 취향에 맞는 종류와 볶음도의 커피를 고를 줄 알면 좋다. 일단 마시는 사람의 취향에 맞지 않으면 즐거운 한 잔이 될 수 없기 때문이다.

볶음도는 몇 가지 변수가 있기는 하지만, 기본적으로는 약볶음은 신맛이 강하고, 중볶음은 바디가 비교적 풍성한 특징을 가지며, 강볶음은 쓴맛의 특징을 가진다고 보면 쉬울 것이다. 그러니 신맛을 싫어하면, 강볶음의 커피를 사면 좋겠고, 쓴맛을 싫어하면, 약볶음의 커피를 사면 좋다.

Tip 우리나라에서 커피믹스를 발명한 게 맞나요?

매일같이 커피 믹스를 마시지만 커피 믹스를 우리나라에서 최초로 개발했다는 사실을 알고 있는 이들은 많지 않다. 지금처럼 작은 봉투에 커피와 크리머, 설탕을 한데 넣어 판매한 믹스는 76년 우리나라 동서식품에서 처음 개발한 것. 성격 급한 우리나라 사람들 취향에 딱 맞아 인기를 끌었고 사무실 등에서 꾸준히 사용하면서 그 입맛에 중독된 사람들까지 생겨났다.

인기가 많은 만큼 우리나라 커피 믹스는 맛이나 종류, 품질에 있어서도 세계 최고 수준이다. 카페인과 칼로리를 반으로 줄인 커피는 물론 커피에 든 항암 물질 폴리페놀의 양을 2배로 늘린 커피, 얼음물에도 녹는 아이스커피용 커피와 카푸치노처럼 거품이 생기는 인스턴트 커피도 있다. 커피, 크리머, 설탕이라는 커피 믹스의 기본 3요소를 깨고 요즘 소비자들의 입맛에 맞춰 블랙 커피 믹스도 나왔다. 이젠 입맛대로 커피를 타 먹는 것이 아니라 입맛대로 커피 믹스를 골라 마시면 되는 시기가 온 것이다. 이렇게 다양한 종류와 뛰어난 맛 덕분에 저급한 커피 문화라고 손가락질 받던 커피 믹스가 수출 효자 상품까지 되었다.

Tip 인스턴트 커피

인스턴트 커피는 가용성 커피라고 하는데 이는 뜨거운 물이나 차가운 물에 잘 녹기 때문이다. 인스탄트 커피가 나오게 된 이유는 전쟁 중에 군인들이 간편하게 마실 수 있도록 하기 위해서였다. 그러나 일반에게까지 널리 퍼지지 않다가 2차 대전 이후 추출기술의 발달로 인해 급격히 보급되었다.

인스턴트 커피의 제조방식은 볶아서 분쇄한 커피를 6~7개의 추출판에 담은 후 섭씨 175도 정도의 고온에서 커피액을 추출한다. 이렇게 추출된 커피액을 냉동건조 하거나 분무건조해 제품화한다. 이때 인스턴트 커피의 풍미가 원두커피에 비해 떨어지는 것을 보완하기 위해 커피 정유를 첨가하기도 한다. 냉동건조 커피는 커피추출액을 급속 냉동시키고 커피결정과 얼음을 원심분리하는 과정을 통해 얻어진다. 냉동건조 커피는 다공질의 상태이기 때문에 습기를 쉽게 빨아들이므로 완전히 밀폐해서 보관해야 한다.

(6) 인스턴트 커피

우리나라 커피시장의 절반 이상을 차지하고 있는 인스턴트커피. 과연 인스턴트 커피란 무엇이며, 언제부터 생겨난 것일까? 그저 간편해서 마시기만 했을 뿐, 정확한 정의를 아는 사람은 드물다. 인스턴트 커피가 국내에 들어오게 된 계기 등의 기초적인 내용부터 시장 현황까지에 관한 것을 알아본다.

인스턴트 커피란 무엇인가?

인스턴트 커피의 사전적 의미는 '열탕이나 물에 잘 녹아서 그대로 마실 수 있게 가공된 즉석커피'를 뜻한다. 좀 더 자세히 설명하자면 추출한 커피 원액에서 수분을 빼 고체의 가루나 과립(둥글고 잔 알갱이)으로 만들어 놓은 것을 말한다. 그 가루나 과립에 물을 부으면 녹아 액체 커피가 되는데, 이것이 우리가 흔히 마시고 있는 인스턴트커피인 것이다. 일반적으로 인스턴트커피 종류에는 SD 커피와 FD커피 두 가지가 있다(분쇄한 인스턴트 커피를 어떻게 건조하느냐에 따라 구분된 것이다).

□ SD(Spray dried) Coffee - 열풍분무건조

- 분말: 농축한 커피액을 분무건조기에서 열풍으로 건조시켜 분말화시킨 것이다. 이 방식은 시설 투자비가 적고, 기술적인 부분이 간단해 많은 업체에서 사용하는 방법이다. 단점이 있다면 가열되는 시간동안 성분과 향이 손실될 수 있다는 것이다.
- 그래뉼(Granule coffee): 열풍에 건조시킨 분말을 다시 미세한 입자로 분쇄하고, 분말을 스팀과 접촉시켜 엉키게 한 다음 건조 냉각을 통해 과립화하는 것을 말한다. 이렇게 만들어진 과립커피는 찬물에서도 잘 녹는다.

□ FD(Freeze dried) Coffee - 동결건조

FD커피는 흔히들 말하는 동결건조 커피를 뜻한다.

로부스타 = 인스턴트커피 ?

인스턴트커피는 어떻게 만들어져 지금까지 전해 내려오게 된 것일까?

원두커피의 경우는 염소를 모는 목동에 의해서 원두가 발견됐다는 설이 있으며, 수피교도들이 졸음을 막기 위해 마셨던 것이 시초였다는 설이 있다. 한편 인스턴트 커피는 1901년 일본계 미국인인 사토이 가토이가 최초의 용해성 인스턴트 커피를 만들어 낸 것이 시초였다. 그 후 다양한 방법에 의해 인스턴트가 개발됐고, 국내에는 1970년 동서식품에 의해 첫 시판됐다(동서식품은 1970년 12월 한국에서 최초로 맥스웰하우스 인스턴트커피를 생산해 냈다. 하지만 소비자들의 반응은 좋지 않았다. 처음 접하는 문화에 대한 낯설음과 반감 때문이었다).

그렇다면 우리가 마시고 있는 인스턴트 커피에 사용되는 원두는 무엇일까?

전 세계에는 60여 종의 커피 종이 있는데, 그 중 가장 대표적인 것이 아라비카(Arabica)와 로부스타(Robusta), 리베리카(Liberica)이다.

국내의 인스턴트 커피 시장을 점검해보자면 일본의 커피시장 이야기를 빼 놓을 수 없다. 한국의 커피시장은 일본의 커피시장에 영향을 받았기 때문이다.

일본 커피시장의 소비실태를 살펴보면 일본인들은 인스턴트 커피와 레귤러커피를 포함해 주당 약 11잔의 커피를 마시는 것으로 조사됐다. 1996년에 10.80잔, 2000년에 11.04잔, 2002년에 10.03잔을 음용하는 것으로 분석됐다.

일본 커피시장에서 인스턴트가 차지하는 비중은 29%, 로스트(볶은)커피가 40%를 차지, 캔과 리큐드(액체)커피가 31%를 점유하고 있다. 일본의 인스턴트 커피 시장은 네슬레와 AGF가 장악하고 있으며, 99%의 시장점유율 중 72%를 네슬레가 차지하고 있다.

우리나라의 생활 문화에 큰 영향을 미치는 미국과 일본의 커피시장과 소비패턴을 비교해 보면 우리나라 커피시장의 미래를 가늠해 볼 수 있다.

미국, 일본, 한국 세 나라 중 한국이 원두커피와 인스턴트 커피의 비율에 가장 많은 차이를 보이고 있다는 것이다. 그 뒤를 일본이 따르고 있다. 일본의 경우는 원두커피와 인스턴트커피와의 차이가 심각한 수준으로 크지는 않다(일본은 인스턴트, 커피믹스보다 캔 커피시장이 더 큰 비중을 차지하고 있다).

인스턴트 커피와 원두커피의 음용률은 국민의 소득수준과도 관련이 있는데, 한국의 경우는 소득수준을 따지기 전에 이미 간편하다는 이유로 문화의 일환으로 자리 잡혔다.

인스턴트 커피 시장의 두 브랜드

위에서도 언급했듯이 국내 인스턴트 커피 시장을 장악하고 있는 두 업체가 바로 동서식품과 한국네슬레이다. 그 중 현재 압도적인 점유율로 커피시장을 점령하고 있는 업체가 바로 동서식품이다. '맥심'과 '맥스웰하우스'의 두 개의 브랜드로 인스턴트 커피 시장에서 활약하고 있는 동서식품은 1969년 설립 후

1970년 최초로 인스턴트 커피를 생산하고, '프리마'라는 브랜드를 생산해 현재까지도 모든 커피 크림이 '프리마'라고 불릴 정도로 그 인지도를 넓혀왔다.

동서식품의 뒤를 잇고 있는 네슬레는 스위스 유명 다국적 회사로 동석식품보다 10년 늦은 1979년 한서식품과의 합작을 통해 국내 시장에 진입했다(네슬레는 1987년 한국네슬레를 설립하면서 안정적으로 시장에 자리 잡았다). 한국네슬레는 '테이스터스 초이스', '네스카페' 브랜드로 동서식품과 경쟁을 벌이고 있다.

1980년 국내 최초로 도입된 동결건조기법으로 탄생된 동서식품의 '맥심'은 국내 인스턴트 커피의 수준을 끌어 올렸다는 평가를 받으며 인스턴트 커피 시장을 장악하기 시작했다. 하지만 1980년대 말에 출시된 한국네슬레의 '테이스터스 초이스' 등장으로 두 업체는 본격적인 마케팅을 펼치기 시작한다.

7. 바리스타, 그들은 누구인가?

(1) 바리스타란?

바리스타(Barista)는 이탈리어로 바(bar)에서 커피를 만드는 사람을 뜻한다. 좀 더 넓은 의미로 이야기하자면 좋은 생두를 골라 정성으로 로스팅하고, 로스팅된 원두로 고객 입맛에 맞는 다양한 커피를 만들어 내는 일을 하는 사람을 말한다.

본래 '바리스타'는 바맨(Barman)이라는 이탈리아어로서, 초기의 바텐더와 바리스타 모두를 포함한 의미였으나 유럽에만 국한돼 있던 에스프레소의 물결이 점차 세계화(특히 북·중미지역) 과정을 거치면서 점차 '에스프레소를 중심으로 하는 전문 커피인'으로 인식되고 있다.

물론 대부분의 커피 숍 바리스타들은 생두 고르는 것부터 커피추출까지를 주업무로 담당하지는 않는다. 잘 로스팅된 원두를 업체로부터 구입, 커피머신으로 커피를 추출하는 것이 바리스타의 기본 업무이다. 하지만 한 잔의 맛있는 커피를 만들어 내기 위해서는 좋은 생두를 구분할 줄 알아야 하고, 로스팅도 어느 정도 할 줄 알아야 한다. 그래야만 고객이 원하는 맛의 커피를 만들어 낼 수 있기 때문이다.

(2) 역할

- 커피추출, 완벽한 에스프레소 추출과 좋은 원두의 선택, 커피머신의 완벽한 활용
- 손님 응대, 고객과 대면하여 정신적 교류, 만족감제공 소비창출
- 고객의 입맛에 최대한의 만족을 주기 위해 끊임없이 탐구하는 자세
- 매장 청소
- 재고관리

(3) 전문분야별 바리스타의 종류

대부분의 사람들은 바리스타라 하면 진한 에스프레소나 달콤한 카페모카를 만드는 직업을 떠올리지만 알고 보면 핸드드립 바리스타, 로스터(Roaster), 커퍼(Cupper)까지 전문분야에 따라 여러 형태로 구분된다.

에스프레소(Espresso) 바리스타

커피머신을 이용해 에스프레소, 또는 에스프레소를 기본으로 한 베리에이션 메뉴를 만드는 직업이다. 일반적으로 바리스타라는 명칭을 대표하며 일반인들 사이에서도 가장 널리 알려진 커피 직업군이다.

핸드 드립 바리스타

핸드 드립 방식으로 커피를 추출하여 서비스하는 직업이다. 핸드 드립은 가장 오래된 커피추출 방법으로 커피 본래의 향미를 최대한 뽑을 수 있는 기술이다. 기본 방식은 드립서버 위에 커피가 담긴 드립퍼를 놓고 주전자로 물을 부어 커피를 추출하는 것이다.

커피 로스터(Roaster)

생두(그린 빈) 상태의 커피를 볶아 원두로 만드는 직업이다. 로스팅은 생두에 열을 가해 일어나는 물리적인 변화를 통해 감각적인 물질의 구성을 끌어내는 것이다.

커퍼(Cupper)

커피의 맛과 향을 감별하는 '커피감별사'이다. 아무리 절대미각을 타고 났다 해도 커퍼가 되려면 정확하고 엄격한 훈련을 거쳐야 한다. 커피에서 발현할 수 있는 향미는 무려 700~850가지나 되는데 이를 모두 구분하고 제대로 표현하기 위해서는 훈련 외에도 다년간의 노력을 통한 경험이 필요하다.

이탈리아 피렌체 카페 질리(Gilli)

II. Hand Drip Coffee

1. 핸드 드립
2. 커피의 향기와 맛
3. 커피내리기 (기구들)
4. 세계의 커피 (나라별 커피 알아보기)

1. 핸드 드립

드립 커피란 마음으로 내리는 커피란 말이 있다. 드립 커피는 커피에 마음을 담아 한 잔 한 잔 소중하게 내리는 작업이다. 내릴 한 잔의 커피를 마셔줄 그 누군가를 생각하며 기도하는 마음으로 추출하는 작업이다. 800여 가지나 되는 커피의 성분중에 맛있는 성분만을 골라 잘 내리는 것이다. 커피를 내리는 일은 콜롬비아나나 에티오피아 같은, 그 커피가 가진 본연의 맛을 충분히 잘 설명해 주는 아름다운 한 폭의 그림을 그리는 일이다. 그렇기에 같은 종류의 커피를 일정한 물의 양과 온도로 똑같이 내려도 그 사람의 마음 상태에 따라 혹은 그 사람의 심성에 따라 다르게 표현되는 손맛 나는 커피가 드립 커피이다. 마음맛 나는 커피가 바로 핸드 드립 커피이다. 드립 커피는 음미하는 커피이다. 하얀 커피잔을 감도는 와인색 중심에 맑고 진한 커피의 색을 음미하고, 살짝 피어 오르는 따뜻한 온기를 손으로 느끼며 코 끝에 감도는 향을 머릿속 가득 채우면 불현듯 살짝 혓바닥에 입술을 대어 그 맛의 감촉을 느끼고픈 강한 유혹에 사로 잡힌다. 커피잔을 입술에 부딪히며 잘 데워진 따스한 잔 사이로 흘러 들어오는 커피 한 모금을 입안 가득 굴리면, 신맛과 쓴맛과 단맛과 그 조화로움이 맑은

커피 추출의 3대 원리

커피 ---------------- 물

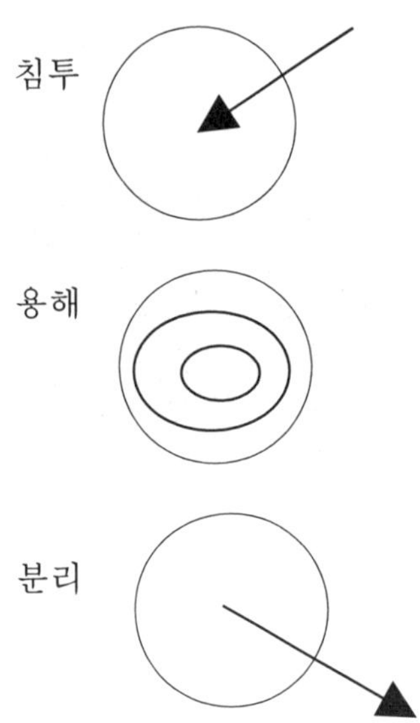

정신을 화사한 꽃밭이나 야생의 초원으로 이끈다. 그들이 이끄는 곳에서 한바탕 웃으며 달콤한 사랑을 나누다 돌아오면 그 커피를 재배하는 농부들의 소망이 또는 커피를 내린 주인장의 애정어린 마음이 느껴진다. 잘 내려진 한 잔의 블랙커피에는 단맛에 유혹되지 않고 우유로 탁해지지 않은 순수한 맛의 향연이 있다. [3)]

투과식 : 커피 고정, 물만 지나가는 것

침지식 : 커피와 물이 섞여있는 상태

반투과식 : 물을 부었다가 추출 - 물을 붓는다 - 추출 반복

(1) 추출준비

① 물 끓일 도구와 서버, 드립퍼 등 추출 도구를 깨끗이 정리하여 준비한다. 커피와 필터를 준비하되, 필터는 재봉선을 따라 두 변을 서로 어긋나기로 접어둔다.

3) 조윤정, <커피>, 125쪽, 대원사.

② 물을 끓이기 시작하면서 커피를 Rugular 굵기로 분쇄한다. 0.7mm-1.0mm

③ 물이 끓는 동안 커피를 필터에 담아 서버, 드립퍼 위에 올려 커피를 뽑을 준비를 한다. 분쇄된 커피를 필터에 담을 때는 흔들거나 톡톡 치면서 표면을 평평하게 만들어 준다.

커피는 중약볶음

- 1인분 원두 8g　　추출커피량 25ml + 물 100ml　= 125ml
- 2인분 원두 16g　　추출커피량 50ml + 물 200ml　= 250ml
- 2인분 원두 35g　　추출커피량 120 ~140ml

④ 물은 펄펄 끓인 것을 드립포트에 붓되 넉넉히 부어 온도를 90~92℃로 맞춘다. 이때 온도가 낮으면 신맛, 높으면 쓴맛이 나타난다.

물의 온도

- 고온 : 90℃ 전후로, 신맛과 쓴맛이 최대한 추출되고 추출 시간이 짧다.
- 중온 : 80~85℃ 정도로, 추출액의 농도와 맛이 중간 정도이다.
- 저온 : 70~80℃ 정도로, 신맛과 쓴맛이 부드러워지고 추출 시간이 길다.

[핸드 드립] Kalita 드리퍼에 사용되는 필터 접는 방법

1

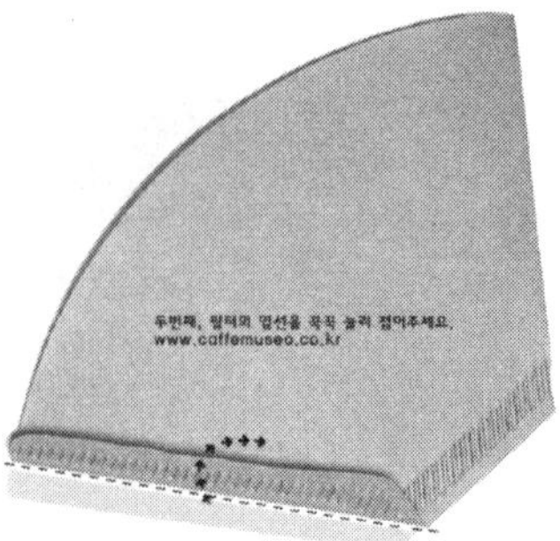

2

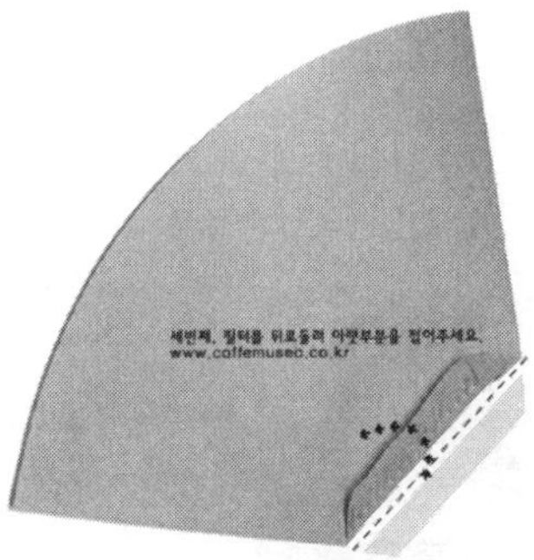

3

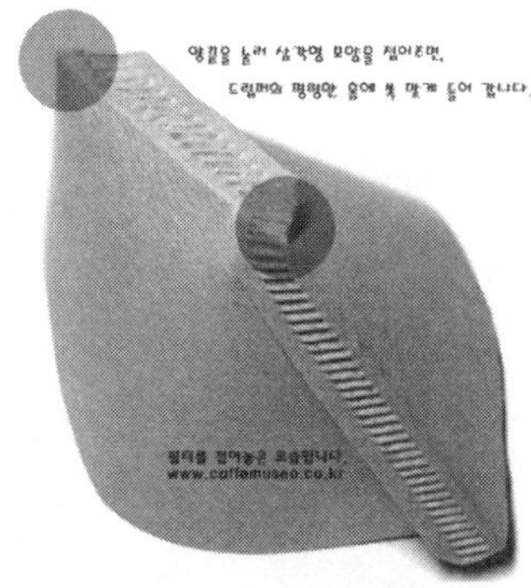

4

이미지 출처 : http://www.caffemuseo.co.kr

(2) 뜸(Wetting)

뜸(Wetting)은 원두 입자 하나하나에 수축과 팽창이 원활히 이루어지게 하기 위한 준비단계로서, 커피의 향미 성분을 예비적으로 용해하는 작용과 분쇄한 커피 속에 남아있는 탄산가스와 공기를 방출하기 위해서이다. 가스가 남아있으면 물이 입자속으로 침투하는 것을 억제해 추출을 방해한다.

커피가 가지고 있는 가용성 성분을 보다 원활히 추출하기 위해 커피 입자 속에 물이 충분히 침투하기를 기다리는 시간이다.

방법

① 한 가운데 100원짜리 동전을 크기로 거품이 부풀어 올라온 후 몸쪽으로 와서 시계방향으로 가장자리로 한바퀴 돌린다. 골고루 스며들게 해주어야 한다.

② 물줄기를 유하게 따라야 한다. 골고루 적셔야 하고, 속도에 따라 투입량이 달라진다. 뜸에 소요되는 시간은 약 10~15초 정도이다.

주의사항

- 처음 연습할 때는 최대한 물이 필터에 가깝게 부어준다.
- 자세 : 손목과 팔까지 일직선이 되게 한다. 몸은 11시 방향으로 돌린다.
- 물줄기 : 물이 수직으로 떨어지게 한다. 수직으로 떨어뜨리면 안정적으로 적은 양의 물을 원두 표면에 적은 충격으로 떨어뜨릴 수 있다.

(3) 1차 추출

① 커피의 중심에서 외곽까지 나선을 5~6회 정도 0.5~0.8mm 간격으로 천천히 그려준다. 이때 드립 포트의 물줄기는 가늘고 촘촘하게 유지한다.

② 바퀴간의 간격이 똑같이 벌어져야 한다.

(4) 2차 → 3차 → 4차 추출

① 1차 추출 후 연한 갈색의 거품이 가라앉아 원두 표면이 드러나기 전에 2차 추출을 시작한다. 이때 거품이 가라앉으면 공기와 접촉한 표면이 산화되어 씁쓸한 맛이 섞이게 된다.

② 원 그리는 방식은 동일하다.

③ 4차 추출이 끝났을 때 추출량 50ml 정도, 4차 추출 후 15초 후 드립퍼와 서버 분리

주의사항

- 손으로가 아니라 몸으로 돌려야 한다.
- 포트 끝과 팔은 일직선을 유지한다.

따르는 방법

	커피 : 물	커피양
• Strong	2배	120ml
• Regular(house)	1 : 1	60ml
• American	1 : 4	30ml

추출시간

- 1~2인분 : 1분 20초~2분 정도

온도

- 커피가 사람 입에 들어갈 때 적합한 온도는 65~70℃

중요 - Hand drip

1. 원두의 상태
2. 투입량
3. 분쇄입자
4. 물(상태, 온도)
5. 물의 투입량 / 추출량

(5) 대표적인 드리퍼 3가지

멜리타(Melita)

독일의 메리타 벤츠 여사가 이전까지의 천드리퍼 대신 간편한 페이퍼드리퍼를 이용한 것이 시작이다. 추출구는 1개. 주로 시티/풀시티 정도로 로스팅된 커피를 드립할 때 사용하며. 원두는 가늘게 그라인드한다.
추출 시에는 일반적으로 (1인당 커피 6~8g을 전제로 하여) 1회 추출만으로 끝내는 독일식 추출법을 이용한다. 안정된 추출이 가능하며 비교적 진하고 바디감이 강한 커피가 되지만, 물과의 접촉 시간이 길기 때문에 깔끔한 맛은 부족하며 대량 추출에는 적합하지 않다.
물빠짐이 구멍 3개의 칼리타보다 느리나 농도있는 커피를 추출하는데 적합하다.

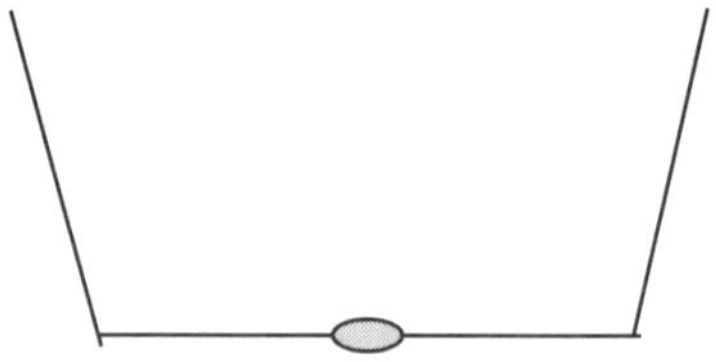

칼리타(Kalita)

추출구는 3개. 주로 약/중배전된 커피를 드립할 때 사용하며, 원두는 중간 굵기로 그라인드한다.
이상적인 추출 시간은 3분 정도로 짧은 편이며, 적절한 간격을 두고 두세 차례에 걸쳐 물을 주입하여 추출한다. 빠르게 추출되기 때문에 깨끗하면서 뒷맛이 좋으며, 순한 커피를 추출하는 데 적합하다. 다른 드리퍼들에 비해 균일한 맛을 내기가 쉬운 편이고, 대량 추출도 가능하다.

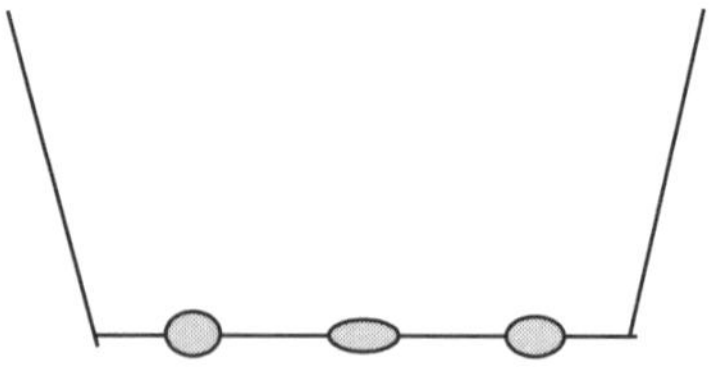

고노(Kono)

추출구는 1개. 원추 형태로 되어 있으며, 융드립에 가까운 느낌이 들도록 하기 위해 개발된 것이다. 다채로운 맛을 낼 수 있지만 그만큼 원하는 맛을 내기가 쉽지 않다. 뜸들일 때 칼리타보다 물의 양은 적게, 뜸들이는 시간은 길게 하는 것이 좋은데, 이는 고노 드리퍼가 원추형이기 때문에 물이 빠져나가는 시간이 길기 때문이다.

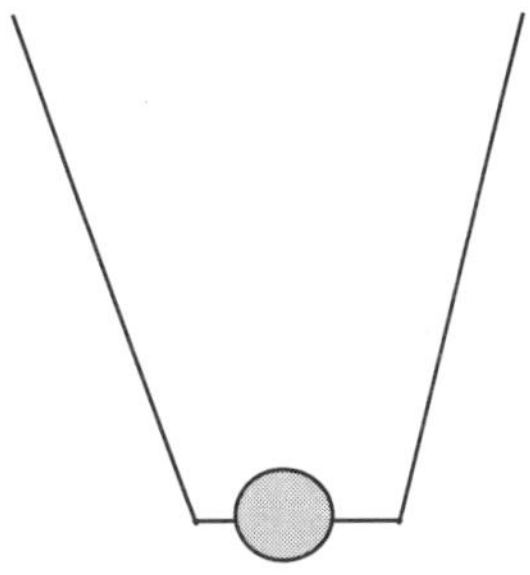

고노드리퍼는 드립할 때 물의 흐름이 중앙으로 집중되기 때문에 칼리타나 멜리타 드리퍼에 비해 보다 본연의 맛에 가까운 우수한 질감의 커피를 추출할 수 있다. 하지만 이 때문에 그만큼 마스터하기에 어려운 드리퍼이기도 하다. 특히 물의 흐름선이 자연스럽게 형성되어야 하고 이것이 드립이 진행되는 과정에서 무너지지 않아야 한다는 점이 중요하다.

이 때문에 원래 고노드립을 할 때는 뜸들이기나 추출시 점적을 사용하는 것이 권장된다. 커피의 오일 성분으로 인한 수분흡수 방해작용을 줄일 수 있으며 또한 물의 흐름을 보다 자연스럽고 섬세하게 만들 수 있다는 점적의 장점이 극대화될 수 있기 때문이다. 특히 뜸들이기시엔 점적을 중앙에 집중하여 물의 흐름선을 만들고, 첫 두세 방울이 서버에 떨어지는 때부터 본격적인 드립을 시작하는 것이 좋다.

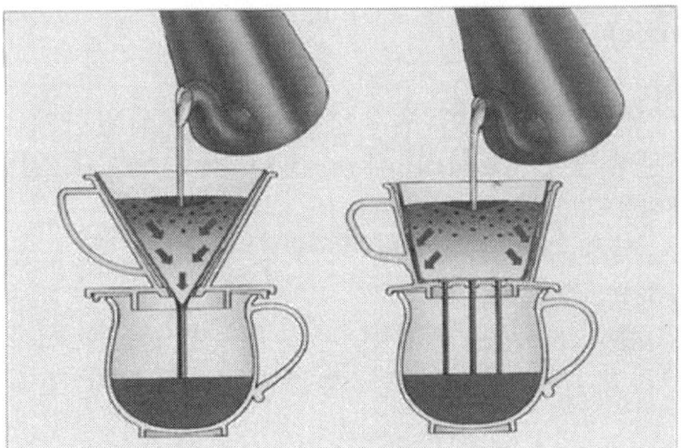

추출시 고노 드리퍼와 칼리타 드리퍼의 물의 흐름의 차이

(6) 드립포트의 선택방식

물 주둥이(주입구)가 좁은게 좋다

드립의 경우 가능한 물을 조용하게 따를 수 있는 것이 중요하기 때문에 물주둥이가 좁은 것을 고르는 것이 상당히 중요한 포인트가 된다.

물주둥이(주입구)의 형태

좌측 그림에서 보는 것처럼 약간 돌출한 것이 물을 따르기도 수월해 바람직하다.

물주둥이(주입구)의 위치

물주둥이(주입구)가 낮을 경우, 드리퍼에 놓여있는 커피에 물을 붓기 위해선 포트를 꽤 누이도록 해야 하며, 높은 위치에서 물을 붓을 수 밖에 없어 결과적으로 물의 세기가 강해지기 쉽다.
포트의 밸런스balance)의 관계로부터도, 물주둥이(주입구)가 높은 위치에 있는 것이 물조절이 쉬운 것 같다.

크기·밸런스(balance)

너무 큰 포트를 사용한다면 힘이 필요하기 때문에 세밀하게 컨트롤하기가 어렵고, 물의 세기도 강해진다. 오히려 작은 것이 물주둥이(주입구)도 가늘고, 사용하기 쉽고 편리하다.
그러나 너무 작은 것은 드립을 자주 해야 하므로, 평소 드립하는 인원수를 고려해서 크기를 정하는 것이 좋다.
만약 직접 쥐어볼 수 있다면, 손잡이 부분을 쥐어보고 전체의 밸런스를 살펴보기 바란다. 편안하게 쥐고서 드립을 하는 것이 물줄기 조절이 쉬어진다.

(7) 융(천) 필터와 종이 필터

융(천) 필터와 종이 필터는 가장 대중적으로 사용되는 핸드드립 추출 도구이다. 최소한의 찌꺼기와 오일만 걸러지기 때문에 깨끗하고 풍미 있는 커피를 추출할 수 있다는 것이 그 이유. 이하에서는 두 필터의 특징과 사용방법을 알아보기로 한다.

융(천) 필터

융 드립의 가장 큰 특징은 드립 필터를 손에 들고 추출한다는 점이다. 균형이 깨져 안정된 맛의 추출이 어렵다는 사람도 있으나 융 드립을 전문으로 하는 이들은 필터를 원하는 방향으로 움직일 수 있어 물이 한쪽으로 몰릴 위험을 줄여준다고 답한다. 이는 기본적으로 고노드립과 추출방법이 비슷한데 다른 점은 드립퍼의 벽에 방해받지 않아 더 풍부한 맛과 향을 즐길 수 있다는 것이다.(중략)

융 기모의 방향

기모를 안쪽으로 하면 커피의 미분을 잘 거를 수 있고, 바깥쪽으로 하면 다양한 성분이 균형 있게 추출된다. 정답은 없으므로 두 가지 다 맛을 보고 취향에 맞는 쪽을 선택하면 된다.

형태별 종류와 특징

- 2장(천을 취급하는 일반 업체 제품) : 벙어리장갑처럼 면이 2개로 나눠져 있다. 힘이 모이는 지점이 없어 전체적인 밸런스를 깨뜨릴 위험이 있기 때문에 널리 사용되지는 않는다.
- 3장(고노드립을 개발한 일본의 커피&사이폰社의 제품) : 3개의 면이 원 형태를 이뤄 고노 드리퍼의 형태를 띤다. 원추형이기 때문에 힘을 한곳으로 전달할 수 있다.

융 필터 사용방법

1. 포장을 뜯은 필터를 흐르는 물에 깨끗이 씻는다(세제는 사용하지 않는다).
2. 냄비에 물과 커피 찌꺼기를 넣고 ①을 팔팔 끓인다(천 특유의 잡내를 없애

준다).
3. ②를 건져내 물로 헹구고 천의 끝부분을 돌려서 물기를 짠다.
4. 젖지 않은 깨끗한 천으로 ③을 눌러 남은 물기를 제거한다.

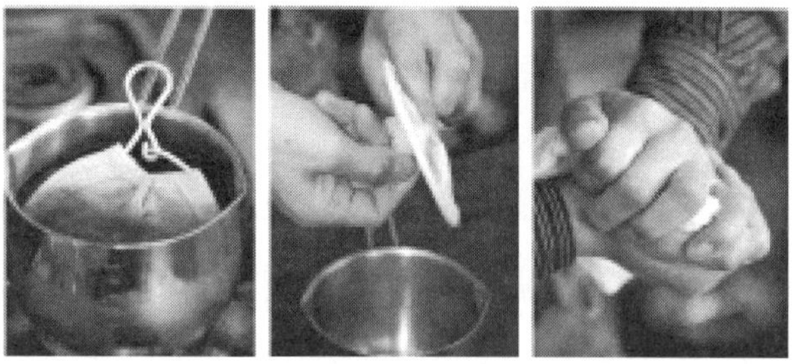

보관방법: 젖었던 천이 마르면서 융 필터에 남아 있는 커피의 유분이 공기와 반응해 산패된다. 때문에 한번 사용한 필터는 깨끗이 씻어 찬물에 담구거나 밀폐하여 냉장이나 냉동 보관하는 것이 좋다. 40~50회 정도 재사용이 가능하나 최대 30회를 넘지 않도록 권하고 싶다.

종이 드립

1회용이라 간편하고 보관이 쉬워 가장 대중적으로 사용되고 있다. 그러나 융 필터와 비교해 맛이 날카롭고 커피의 오일성분이 종이에 흡착돼 맛의 표현이 풍부하지 못하다는 단점이 있다.

유통 과정에서 노출 등의 외부 영향을 받은 종이 필터는 공기 중의 습기를 빨아들여 잡냄새가 나기도 한다.

보관방법: 이물질이 묻지 않도록 밀폐용기에 넣어 보관한다.[4)]

4) 자료 : 월간 COFFEE, 2007년 6월호

2. 커피의 향기와 맛

'맛있다'라는 것은 지극히 개인적인 영역이다. 그러나 그럼에도 불구하고 '맛있다'고 느끼는 공통의 개념이 있기 마련이다. 맛있는 커피는 탁하지 않고 맑다. 맛있는 커피는 까끌까끌하거나 불쾌한 뒷맛이 없다. 맛있는 커피는 감칠맛이 나고 양질의 쓴맛과 신맛을 지니고 있으며 끈기가 있다. 맛있는 커피는 쓴맛이건 신맛이건 그 맛을 음미할 수 있는 미묘함이 있다. 맛있는 커피는 부담없이 들어와 여운을 남기고 편안하게 넘어간다.
개인의 기호에 따라 연하게 마실 수도 진하게 마실 수도 있지만 맛있는 커피는 커피가 진하다고 해서 쓴맛이 강한 것은 아니다. 좋은 커피는 진한 커피의 경우 농밀함이나 깊이가 있을 따름이다. 이를 위해서는 원재료의 엄선과 관리뿐만 아니라 로스팅 기술과 추출 기술, 서비스 기술이 뛰어나야 한다.
맛있는 한 잔의 커피는 우리에게 황홀한 호사를 누릴 수 있게 한다. 그러한 호사를 누리게 해주는 맛있는 커피를 만들기 위한 조건은 무엇일까 ?
첫째, 좋은 생두를 써야 한다. 제아무리 기술이 뛰어나도 원료의 품질까지 바꾸어 놓을 수 없기 때문이다.
둘째, 맛있게 잘 볶아져야 한다. 이를 위해서는 로스팅을 하기 전에 꼼꼼히 핸드픽을 하여 결점있는 생두를 골라내는 것도 잊지 말아야 한다.
셋째, 볶은 지 오래되지 않은 신선한 원두를 써야 한다. 커피의 가장 맛있는 상태는 볶은 지 1주일에서 2주일을 넘지 않는다.
넷째, 신선한 커피는 제대로 취급되어지고 보관되어져야 한다. 공기가 통하지 않는 밀폐용기에 넣어 서늘한 곳에 보관하여 추출하기 직전에 갈아서 쓰도록 한다.
다섯째, 바른 추출을 해야 한다. 바른 추출을 위해서는 물의 종류, 적절한 물의 온도, 알맞은 분쇄, 적합한 원두의 양, 올바른 추출 속도 및 추출시간이 필요하다.
여섯째, 사용할 컵은 미리 데워두어야 하며 추출 후에는 가능한 한 빨리 마셔야 한다. [5]

□ 로스팅에 따른 커피 향미의 특징

향의 생성과정에 따른 분류

첫 번째 cracking 무렵부터 제1그룹의 향 위주
첫 번째 cracking과 두 번째 cracking 사이에 제2그룹의 향 위주
두 번째 cracking 이후에 제3그룹의 향 위주

5) 조윤정, 커피, 111쪽, 대원사

맛에 따른 분류

향과 맛을 동시에 감각하는 향미의 개념으로 느낄 것
첫 번째 cracking과 두 번째 cracking 사이에 분명한 구분이 없는 경우가 많다.

-------첫번째 cracking ----- --------------두번째 cracking-----

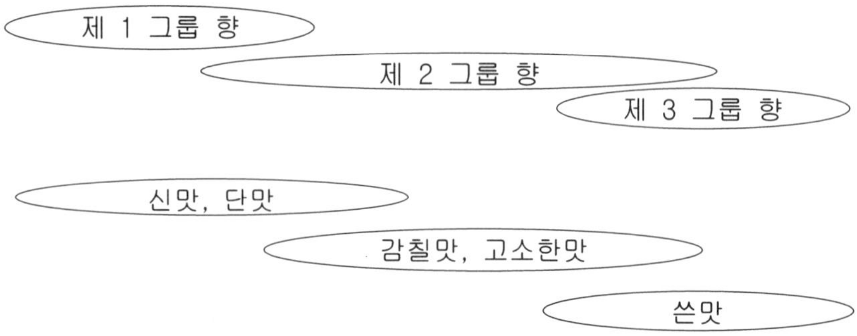

□ 추출에 따른 커피 향미의 특징

고온은 쓴 맛(감칠 맛, 고소한 맛)을 추출하기에 유리
저온은 쓴 맛(감칠 맛, 고소한 맛)을 추출하기에 불리

----저온------- -------------------------------------고온----

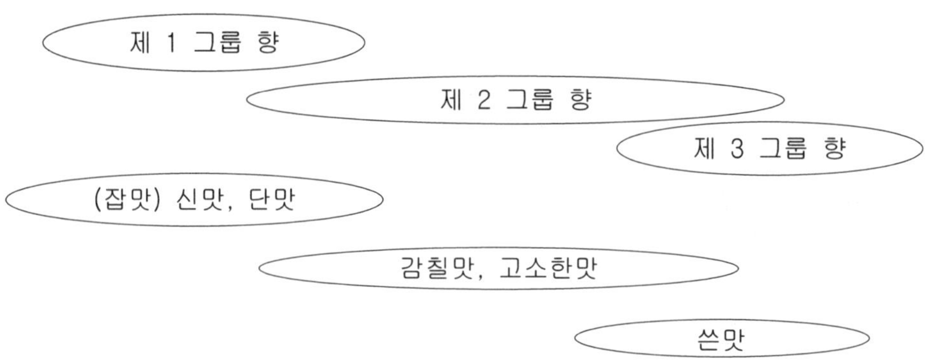

물의 양 : 추출에 사용되는 물의 양이 많으면 추출하는 힘이 강해진다.
추출하는 힘이 강하면 쓴 맛이 강해진다.
시간 : 시간이 길수록 더 많은 성분이 나온다.

커피의 역할은 카페인을 통하여 잠을 깨우고, 활력을 얻게 하는데 있어왔다. 그러나 커피의 뛰어난 향기와 맛이 없었다면 이토록 대중적인 음료가 되지는 않았을 것이다. 커피를 커피답게 하는 향기와 맛을 좀 더 자세히 알고 자신의 후각과 미각을 훈련하여 좋은 커피를 선택하고 소비자에게 제공할 수 있도록 해보자.

커피의 향미를 평가하는 것을 커핑(cupping)이라 한다. 향미(香味)라고 했을 때 香과 味는 구분하여야 한다.
香은 후각에 작용하는 것인데 커피에는 현재 약 **800여 냄새 성분**이 발견되었다.
味는 미각에 작용하는 것인데, **신맛, 단맛, 쓴맛, 짠맛**의 기본 맛이 있다.

예를 들어 '이것은 고구마 맛이다'라는 것은 고구마의 고유한 '향'을 느낀다는 것이고 그 '맛'은 달콤하다고 해야 할 것이다.
향미 외에 커피를 입안에 느끼는 촉각도 같이 평가한다. 입과 혀에서 느끼는 뭉글뭉글함을 이르는 것인데 **중후함(Body)**이라고 표현한다.

(1) 커피 향

제1그룹 : 커피 콩이 크는 동안 효소의 작용에 의하여 생성되는 향기 성분
분자량이 가장 작고 가벼운 성분들로 갓 볶은 커피에서 나는 휘발성이 강한 향기

꽃 향기(Flowery)
- 꽃 향기(Floral) 달콤한 꽃 향기
- 방향(Fragrant) 계피, 바질, 박하 등의 향신료 향기

과일 향기(Flowery)
- 감귤 향기(Citrus-like) 오렌지, 레몬 같은 향기
- 딸기 향기(Berry-like) 체리, 딸기, 크렌베리 같은 향기

허브 향기(Flowery)
- 파 향기(Alliaceous) 양파, 마늘 향기
- 콩과 향기(Leguminous) 오이, 양배추, 파슬리 향기

제2그룹 : 볶음 과정에서 당의 갈변 반응에 의하여 생성되는 성분
커피를 볶을 때 콩안의 수분이 모두 증발한 다음엔 당이 갈변을 시작한다. 이 때 휘발성 화합물이 생성되는데 커피 콩의 독특한 향을 내게 한다.

고소한 향기(Nutty) 첫 번째 팝핑 무렵 약한 볶음에서 잘 나타나는 향기, 알데히드, 케톤 등이 생성된 결과이다.
고소한 향기(Nuttyl) 아몬드, 땅콩, 호두 등 견과류 향
볶은 곡류 향기(Malty) 안남미, 보리, 옥수수, 토스트 향

카라멜 향기(Caramelly) 더 진행된 중간 볶음에서 잘 나타나는 향기
캔디 향기(Candy-Type) 버터토피, 헤즐넛, 감초
물엿 향기(Syrup-like) 물엿, 꿀, 단풍시럽

초콜릿 향기(Chocolaty) 두 번째 팝핑 무렵까지 진행된 볶음에서 잘 나타나는 향기, 당이 타면서 카라멜 류는 감소하고 피라진 화합물이 생성하여 초콜릿 향을 낸다.
초콜릿 향기(Chocolate-type) 더치초콜릿, 다크초콜릿
바닐라 향기(Vanila-type) 스위스초콜릿, 커스타드, 버터

제3그룹 : 볶음 과정에서 건열(열분해) 반응에 의하여 생성되는 향기 성분
볶음 공정이 더 진행되면 커피의 섬유질이 타기 시작한다. 이때 이종환상 화합물, 질소 화합물, 탄화수소 화합물이 생성하며 무겁기 때문에 가장 늦게 증발한다.

테레빈유 향기(Turpeny)
수지 향기(Resinous) 송진 내, 발사믹
소독 내(Medicinal) 로즈마리, 오레가노

양념 향기(Spicy)
매운 향기(Warming) 넛맥, 고추, 생강
알싸한 향기(Pungent) 클로브, 타임

탄 내(Carbony)
연기 냄새(Smoky) 크레졸, 타르, 니코틴, 파이프 담배
재 냄새(Ashy) 끄름, 탄내, 재

전체 향기 체계에 따른 분류 혹은 후각에 도달하는 과정에 따른 분류

커피의 전체적 향기를 'bouquet'라고 하며, 이 전체 향기는 세부적으로 네 부분으로 나뉘어져 있다.

볶은 커피 향기(Fragrance) 갓 볶은 커피에서 나는 휘발성이 강한 향기로서 커피를 분쇄할 때 기체 상태로 코에 도달 한다. - 가스 상태

추출 커피 향기(Aroma) 커피를 추출할 때 뜨거운 물의 열에 의해 보다 무거운 향 성분이 기화되어 코에 도달한다. - 가스 상태

마시면서 느끼는 향기(Nose) 커피를 마실 때 더 무거운 향 성분이 입 안에서 증발되어 코의 뒤쪽으로 가서 후각세포에 도달한다. - 증기 상태

입안에 남는 향기(Aftertaste) 커피를 마신 후에 남는 가장 무거운 향 성분 - 증기 상태

(2) 커피 맛

'무엇이든지 액체가 되지 않으면 맛을 느낄 수 없다'

일반적으로 혀는 단맛, 짠맛, 신맛, 쓴맛의 네 가지 기본 맛을 구분할 수 있다.

단맛은 주로 혀의 윗부분에서 감지되고, 신맛은 혀의 옆에 부분에서 그리고 쓴맛은 혀의 뒷부분에서 감지된다. 짠맛은 거의 발견되지 않는다.
혀의 윗부분은 침에 의해서 자주 씻겨지기 때문에 단맛은 금방 사라지게 되며 쓴맛은 좀 더 오래 지속되게 된다.
로버스타종 커피는 쓴맛이 아주 강한 반면 아라비카 종의 커피는 쓴맛과 신맛의 균형 잡힌 맛을 보여준다.

단맛 (Sweet)

단맛은 모든 이들이 선호하는 맛임에 틀림이 없다. 단맛은 긍정적으로 그 가치와 바로 연관되며 이와는 대조적으로 쓴맛은 부정적으로 그것의 가격과 연관됨을 알 수 있다. 좋은 에스프레소 한잔은 처음에는 신맛, 그리고 쓴맛과 단맛의 균형 잡힌 맛으로 대변되며 높은 양감과 강한 향, 그리고 오랫동안 지속되는 맛이 특징이다.

신맛 (Acidic)

신맛은 에스프레소에선 별로 선호되지 못하는 맛일 것이다. 이 신맛은 별로 기분 좋은 맛이 아니니기 때문이다.
수세식으로 처리된 아주 좋은 생두의 경우 가끔 우리의 혀에 아주 강한 신맛을 주게 되는데 물에 오래 견디는 특성이 있어 수세처리 후부터 음료가 되기까지의 긴 시간을 필요로 하는 필터 여과 커피로 많이 선호된다.
에스프레소 블랜드로 이용된 경우 향을 강하게 해주는 역할을 하기도 하지만 수세식으로 처리된 생두만으로 에스프레소 블렌딩된 경우엔 맛의 양감이 낮고 아주 강한 신맛을 내어 준다. 건조식으로 처리된 생두의 경우 이와는 대조적으로 맛의 양감과 균형을 강하게 해준다.
배전의 방법에 따라 쓴맛과 신맛의 비율을 바꾸어 줄 수 있다. 수세 처리된 생두를 너무 강하게 배전할 경우 탄 맛을 낸다.
또 이러한 신맛은 생두를 너무 빨리 배전하는 과정에서 생길 수도 있다.
이때의 맛은 배전시간동안 향을 충분히 발생시킬 수 있는 시간의 부족, 또는 남아있는 클로로제닉산(chlorogenic acid)에 의해서 금속성의 맛을 내어 준다.

쓴맛 (Bitter)

전 세계의 커피 애음가들의 신맛과 쓴맛에 대한 성향은 천차만별이다.
남쪽지역에 거주하는 사람들일수록 쓴맛이 강한 에스프레소를 선호하고 맛의 양감에 그 가치를 부여하는 반면 북쪽지역에 있는 사람은 균형 잡힌 맛을 선호한다. 이는 남쪽지역사람의 경우 에스프레소 한 잔의 양이 매우 작고 집중되어 있으며 우유 또는 크림의 첨가를 선호하는 북쪽지역 사람과는 스타일이 많이 다르다.
그러나 불행하게도 과다추출하지 않고 50ml이상의 에스프레소를 추출하기는 쉽지 않으며 이것이 바로 북쪽 지역 사람들이 에스프레소에 약간의 물을 희석시킨 쓴맛이 나고 가끔 목질의 맛도 나는 까페 룽고를 선호하는지 알 수 있는 이유가 된다. 많은 양의 에스프레소를 추출할 때 훨씬 적은 용해물질과 다소 즐겁지 않은 맛의 물질이 많이 포함된다.
쓴맛과 불쾌한 맛을 줄이기 위해 얼마만큼의 에스프레소를 추출해야 하는지에 대해 분명히 알아야 한다.

아스트린젠시 (Astringency)

에스프레소의 맛에 있어 부정적인 요인으로 간주되는 아스트린젠시(Astringency)는 "약"의 맛과 같은 불쾌한 맛을 연상시키며 이러한 맛이 나는 주요 요인은 바로 미성숙원두에 존재하는 디카페롤퀘닉산(dicaffeoylquinic acid)이 입의 점막세포에 달라붙어 침으로 용해되는 단백질을 용해시키지 못하게 하기 때문이다. 불행하게도 이러한 미성숙원두는 많이 자주 발견되고 있으며 커피 재배업에 종사하는 사람과 그것을 판매하는 사람은 더욱 큰 신경을 써야 한다.[6)]

상큼한 맛(酸味, Acidy) 단맛 + 신맛, 커피 중의 산에 의하여 느끼게 되며, 糖과 합하여 추출 커피의 전체적인 단맛을 증가시킨다. 새콤달콤한 맛

달콤한 맛(甘味, Mellow) 단맛 + 짠맛 커피 중의 염에 의하여 느끼게 되며, 당과 합하여 추출 커피의 전체적인 단맛을 증가시킨다.

와인 맛(Winey) 신맛 + 단맛, 커피 중의 당에 의하여 느끼게 되며, 산과 합하여 추출 커피의 전체적인 신맛을 감소시킨다. 달콤한 신맛

약한 맛(Bland) 짠맛 + 단맛, 커피 중의 당에 의하여 느끼게 되며, 염과 합하여 추출커피의 전체적 鹽味를 감소시킨다. 김빠진 맛

자극적인 맛(Sharp) 짠맛 + 신맛, 커피 중의 산에 의하여 느끼게 되며, 염과 합하여 추출커피의 전체적 鹽味를 증가시킨다.

시큼한 맛(Soury) 신맛 + 짠맛, 커피 중의 염에 의하여 느끼게 되며, 산과 합하여 추출 커피의 전체적 신맛을 감소시킨다.

거친 맛(Harsh) 신맛 + 쓴맛, 커피의 쓴맛이 신맛과 결합하여 만들며, 커피의 전체적 신맛을 증가시킨다.

알싸한 맛(Pungent) 쓴맛 + 신맛, 커피의 산이 쓴맛과 결합하여 만들며 커피의 전체적 쓴맛을 감소시킨다.

(3) 커피의 산도 (Acidity)

인스턴트 커피를 주로 접해 온 사람들이 드립 추출한 커피 등을 처음 맛보면 대개 그 신맛에 놀라게 된다. 그리고 그 중 많은 수가 예상치 못했던 신맛에

6) 자료 : 일리코리아 http://www.illykorea.co.kr/science/tastes.html 참조

적잖은 거부감을 느끼는 듯하다.
하지만 커피의 맛을 판가름하는 요소 중 가장 중요한 인자가 바로 산도(Acidity)이며, 종류에 따라 차이가 있긴 하지만 모든 커피는 일정 이상의 산도를 가지고 있다.(산도 pH 5~6)
여기서의 신맛은 우리가 일반적으로 느끼는 신맛과는 다르며, 와인에서 느껴지는 산도와도 조금 차이가 있다. 굳이 이야기하자면 과일에서 맛볼 수 있는 신맛과 비슷한 느낌이다.
커피의 좋은 신맛은 '상큼한 맛'으로 표현할 수 있으며, 좋지 않은 신맛은 '시큼한 맛'으로 표현하여 구분된다.

물론 단순히 신맛이 강할수록 좋은 품종의 커피인 것은 아니다. 커피가 낼 수 있는 여러 가지 맛을 조화롭게 발현하면서도 높은 퀄리티의 신맛을 가지고 있어야 좋은 커피라고 할 수 있다. 자메이카 블루마운틴이나 쿠바 크리스탈 마운틴, 하와이안 코나 같은 것들이 최고의 커피 원두로 손꼽히는 것도 바로 그런 이유에서다.

커피 원두 간의 신맛의 차이는 가장 기본적으론 커피의 품종에 따라 결정되지만, 재배되는 환경에 의해서도 일정 정도 좌우된다. 일반적으로 커피 재배 환경으로써 이상적일수록, 특히 고산지대에서 재배될수록 신맛의 질이 좋아진다. 또한 정제 (Processing) 과정에 의해서도 맛이 변화하는데, 습식 정제 (Wet-Processing)를 하게 되면 산도가 제대로 보존되는 경향이 있다.

신맛을 가장 크게 좌우하는 요소가 바로 로스팅이다. 커피의 신맛은 로스팅을 거치면서 순화되거나 강조되거나 또는 쓴맛 등의 다른 맛으로 변하기도 한다. 약배전을 할 경우 커피 원두 내의 크로로겐산이나 구연산과 같은 유기산이 상당량 보존되므로 산도가 상대적으로 높으며, 반면 배전의 강도가 강해질수록 전분질, 섬유질 등이 열에 의해 캐러멜화 (Caramelize) 하여 쓴맛이 강해지며 커피 빈 (Bean) 조직의 대부분을 차지하는 탄수화물이 열 분해에 의해 당질로 변화하여 단맛을 내게 된다. 에스프레소에서 신맛이 거의 느껴지지 않는 주된 요인도(물론 추출 방식에 의한 것이기도 하지만 기본적으로는) 풀 시티 이상되는 강배전을 하기 때문이다.

한편 커피의 신맛은 오래 되어 산화가 진행된 커피에서도 나는데, 이렇게 산패된 커피로부터 추출을 하면 로스팅 시점에서 산도가 없던 커피라도 강렬한 신맛을 낸다. 하지만 이것은 원래 커피가 가지고 있던 양질의 신맛과는 완전히 다르며 느낌이 상당히 좋지 않아 맛을 보면 누구라도 바로 알 수 있을 정도다.

커피 맛에 관한 용어

- Acidity : 추출한 커피의 생동감을 좌우하게 되는 가장 중요한 맛 인자로써 커피 맛의 평가 기준 중 하나다. 또한 산미 자체의 맛으로서 감지되는 산도는 높고 낮음으로 얘기할 수 있다. 생과일에서도 감지하게 되는 생생한 산미는 혀 가장자리에서 느낄 수 있고 산도의 정도는 뒷맛에서 감지할 수 있다.

- Aftertaste : 커피를 삼키고 난 뒤 코로 방출되어 올라오는 향기를 표현할 때 쓰는 기준용어이다. 표현할 수 있는 용어들은 Carbony, Chocolaty, Spicy 등이 있다.

- Aroma : 커피를 끓일 때와 막 추출한 상태에서 방출되어 나오는 향기를 표현할 때 쓰는 기준용어로 Fruty(과실수의 향기)와 Herby(꽃향기)의 범위에서 표현할 수 있다.

- Bitter : 혀 뒤쪽에서 감지되는 맛으로 커피의 키니네, 카페인, 그리고 다른 알칼로이드 성분에서 쓴맛을 낸다. 일반적으로 사람들은 쓴맛을 좋아하지 않지만 커피에서는 쓴맛이 통상적으로 나타나야 한다. 쓴 맛이 없는 커피는 개성이 없고 뭉툭한 느낌을 준다. 쓴맛은 주로 에스프레소를 위한 강한 로스팅이나 진한 추출에서 많이 다루게 되는데, 밸런스가 잘 잡힌 가운데 쓴맛이 포함된 진한 커피는 보통 스트롱하다, 풍부하다 등으로 말할 수 있다. 하지만 쓴맛이 주도적으로 나타나면 밸런스에 문제가 있는 좋지 않은 커피이다.

- Bland : 혀 가장자리에서 감지할 수 있는 부드럽고 온화함의 정도를 표현하는 커피맛의 평가기준 용어로써 Soft 와 Neutral 의 범위에서 표현하기도 하고 또 일반적으로는 향이 희미한 커피를 지칭하기도 한다.

- Body : 입 안에서 느끼는 커피맛의 농도에 따른 무게감과 밀도에 대한 감각적인 인상을 표현할 때 쓰는 용어이다. Light(또는 Thin), Meduim, Full의 단계로 이야기한다.

- Booquet : 냄새로 지각할 수 있는 모든 표현 용어의 총칭. 즉 Fragrance (커피 빈의 향), 아로마, 뒷맛에서 맡을 수 있는 향 등을 포함한다.

- Bright : 얼얼할 정도로 산미가 느껴지는 산도가 높은 커피맛을 표현할 때 주로 쓰는 용어이다.

- Briny : 추출된 커피를 다시 데웠을 때 드러나는 짠맛의 표현 용어이다.

- Buttery : 오일감이 풍부하게 나는 커피의 풍미를 표현한다.

- Caramelly : 아로마에서 감지할 수 있으며 사탕이나 시럽을 연상하게 할 때 표현하는 용어

- Carbony : 아로마에서 감지할 수 있으며 탄맛을 연상시키는 향미의 표현. 주로 강한 로스팅을 한 커피빈으로 만든 커피에서 느낄 수 있다.

- Chocolaty : 뒷맛에서 감지할 수 있으며, 달지 않은 다크 초콜릿이나 바닐라 맛을 연상하게 하는 향기로움

- Clean : 커피맛의 깔끔함의 정도를 보는 평가기준으로써 그린빈의 생산 과정과 직접적인 관련이 있다. 표현 용어로는 Bright, Clear 등을 들 수 있다.

- Clear : 커피를 마셨을 때 깔끔하게 넘어가는 느낌의 표현 용어이다.

- Delicate: 완전히 잘 익은 커피체리로 만든 커피에서 맛볼 수 있는 용어이다. 혀 끝에서 살짝 감지할 수 있는 민감한 맛이다.

- Dirty : 커피에서 깨끗하지 않은 냄새가 나거나 맛에서 케케묵은 신맛이나 곰팡내가 날 때 표현하는 용어이다.

- Earthy : 글자 그대로 흙의 느낌이 커피맛에 배어나오는 경우에 쓰는 표현 용어이다. 그린빈을 건조시키는 과정에서 감염되는 맛이다. 대체로 커피 전문가들은 그린빈 생산라인의 결함으로 보지만 일부 전문가들은 생산지의 이국적인 풍미라는 긍정적인 평가를 하기도 한다.

- Exotic : 일반적이지 않은 맛을 표현하고자 할 때 사용하며, 커피에서 일반적이지 않은 향미는 Berry나 Floral 등을 들 수 있다.

- Flat : Bouquet, 즉 Fragrance, 아로마, 뒷맛 모두에서 향이 느껴지지 않는 것을 표현하는 용어이다. 그린빈의 생산 과정에서의 문제라기보다는 로스터의 잘못된 그린빈 보관상태와 직접적인 연관이 있다.

- Flavour : 아로마로 감지한 향이 입안에서 느껴지는 맛을 표현하고자 할 때 쓰는 용어이다. 여기에서 다루고 있는 많은 표현 용어들이 Flavour의 카테고리에서 사용될 수 있다.

- Fragrance : 커피빈이나 가루를 코로 들이마시면 맡게 되는 향기로써 Floral, Spicy 등으로 표현할 수 있다.

- Fruity : 아로마의 감각이며 주로 시트러스나 베리 종류의 과실 향을 연상시

키는 향을 일컫는다.

- Grassy : 남새와 맛에서 감지할 수 있는 풍미로 청정한 잔디밭을 연상할 수 있다.
- Harsh : 맛의 결이 거칠게 느껴질 때 표현하는 용어이다.
- Mellow : 산도가 높지 않아서 익은 과실의 원숙한 달콤함이 입안을 부드럽게 감싸는 듯 느껴질 때 사용하는 용어이다.
- Mild : 커피맛의 어떤 특성도 넘치거나 부족하지 않은 상태일 때 쓰는 표현 용어이다.
- Muddy : 맛이 탁하고 무딜 때 쓰는 표현 용어이며, 그린빈 생산과정에서 땅에 휘저어 말릴 때 감염되어 나타날 수 있는 맛이다.
- Musty : 커피맛에서 곰팡이 냄새처럼 묵은 내가 날 때 쓰는 표현 용어. 그린빈의 생산 과정에서 충분히 건조시키지 않았거나 창고의 결함으로 습도 조절에 문제가 있을 경우 이런 맛이 난다.
- Nutty : 아로마의 감각으로, 커피를 추출할 때 방출되는 고소한 향이며 볶은 땅콩을 연상하게 한다.
- Newtral : 어떤 특정한 풍미도 튀지 않는 밸런스가 잘 된 커피맛의 표현 용어로써 블렌딩에서 연출할 수 있는 특성이다. 과거에는 개성이 없는 부정적인 의미로 쓰이기도 했다.
- Pungent : 로스팅 스타일에서 연출해 내는 맛의 특성으로 아릴 정도로 얼얼한 맛을 표현한다.
- Rich : Bouquet 가 풍부하게 감지될 때 사용하는 용어이다.
- Rioy : 브라질의 리오 데 자네이로항의 명칭을 딴 것으로, 브라질 커피의 특성처럼 약용의 쓴맛이 날 때 표현한다.
- Rough : 커피맛에서 주로 짠맛이 강할 때 나타나는 현상으로 혓바닥을 바싹 말리는 느낌일 때 쓰는 표현 용어이다.
- Rubbery : 로부스타 종에서만 나타나는 고무나무에서 나는 듯한 탄성맛. 나무에 달린 체리가 한쪽만 부분적으로 익은 것들에서 이런 맛이 나타난다.

- Salt : 짠맛은 커피에 감칠맛을 돌게 하고 활력을 불러일으키는 중요한 요소로 커피의 맛을 감별할 때 없어서는 안 되는 인자이다. 그러나 짠맛이 주된 맛으로 나타날 때는 커피빈의 상태가 안 좋은 경우이다. 짠맛의 작용으로 표현되는 커피맛은 Bland와 Sharp의 범위에서 나타나게 된다.

- Soft : Bland의 정도를 구분하여 표현할 때 쓰이는 용어로 혀를 자극하는 맛이 전혀 나타나지 않을 때 쓸 수 있다.

- Sour : 생생한 산미와는 다른 개념의 신맛으로 주로 덜익은 빈으로 만든 커피에서 이런 시큼한 맛을 낸다.

- Spicy : 아로마와 맛에서 모두 나타날 수 있는 향미로 보통 계피나무나 정향나무를 연상시킨다.

- Stale : 글자 그대로 상한 커피를 말한다. 공기에 너무 오랫동안 노출되어서 평평하고 밋밋한 맛을 낸다.

- Sweet : 기본적으로 사람이 좋아하는 맛으로 혀의 앞쪽에서 집중적으로 느낄 수 있다. 거친 맛이 없고 결함이 없는 커피에서 감지할 수 있는 감칠맛으로 표현할 수 있는 범위가 넓다. 커피에서 단맛을 내는 요소는 탄수화물과 단백질이다.

- Taint : 커피에서 감염된 맛이 날 때 쓰는 평가기준 용어이다. 커피 생산의 전 과정에서 환경에 의해 빈 자체의 화학적 변화나 외부에서 흡수된 물질이 풍미에 영향을 끼쳐 내는 맛이다.

- Thin : 추출에 문제가 있어서 산미가 느껴지지 않거나 생기가 없는 커피를 지칭할 때 쓰는 용어이다.

- Watery : 커피 추출 시 물의 양이 적절한 비율이 아니었을 때 지방의 함유량이 떨어져 나타나는 맛의 표현 용어이다.

- Wild : 맛에서 활력이 느껴질 때 사용할 수 있는 표현 용어이다. 주로 이디오피아의 야생 커피나무에서 수확한 커피에서 와일드한 느낌을 받을 수 있다.

- Winey : 포도주의 풍미가 느껴지는 커피의 맛. 신마기 풍부해서 생동감이 있고 레드와인의 풍미를 연상할 수 있다.

- Woody : 말 그대로 커피맛이 약간 거친 목질의 풍미를 낼 때 표현하는 용어이다.

3. 커피내리기 (기구들)

커피 추출법과 관련된 발명의 역사

1600년대 - 커피 가루와 물을 함께 끓일 수 있는 포트를 사용하였다. 위쪽이 좁고, 아래쪽이 넓어 커피 찌꺼기를 가라앉히는데 편리한 구조를 갖고 있었다.

1780년 - 프랑스에서 천 필터와 드리핑 기술이 '비긴'에 의해 발명되었다. 분쇄한 원두를 커피 포트 안에 붙어있는 천으로 된 주머니 모양 필터에 넣은 다음 끓는 물을 부어서 커피가 추출되도록 하는 방식이다. 당시 이 비긴 포트의 등장은 혁명과도 같은 획기적인 사건이었다.

1800년 - 프랑스에서 최초의 드립식 커피포트 '뒤 벨로이'가 발명되었다. 프랑스인 장 바티스트드 벨로이가 발명한 것으로 몸체가 두 부분으로 나누어져 있다. 윗부분에 물을 부으면 가운데 있는 필터 위에 놓인 커피 가루를 통과해 아래로 물이 떨어진다. 이 드립식 커피 포트는 놀라운 성공을 거두었고, 곧 여러 국가에서 조금씩 변형된 형태의 드립식 커피포트가 나타났다.

1802년 - 금속 커피 필터가 프랑스에서 특허를 획득했다. 천 필터는 오래 사용하게 되면 커피에 천 필터 맛이 우러났기 때문에 사람들의 불평을 샀지만 금속 필터는 이런 문제를 간단히 해결하였다.

1840년 - 사이폰이 해양학자인 로버트 나피어에 의해 발명되었다. 커피의 맛이 깨끗하고 추출되는 과정이 아름답긴 하지만 시간이 많이 걸리고 번거로워 많이 사용되지는 않았다. 사이폰의 몸체는 두 부분으로 되어 있는데 둘은 위아래로 끼워 맞추게 되어 있어 그 사이에 진공 상태가 만들어진다. 두 부분 사이에는 깔때기 필터가 있고 필터는 윗부분에 고정된다. 물은 아래 부분에 담겨 알코올 램프에 의해 천천히 가열되어 끓으면서 커피 가루가 있는 위쪽으로 올라가고 불을 끄면 커피물이 필터를 거쳐 아래로 내려오게 된다.

1840년대 - 진공 포트 방식인 사이폰의 발명 시기와 거의 동시에 퍼콜레이터가 발명되었다. 퍼콜레이터 방식은 하단 부위에 열을 가하면 물이 끓게 되고 끓는 물이 비등하여 커피를 적시고 내려오면서 추출한다.

1840년대 - 프렌치 프레스 방식도 사이폰과 퍼콜레이터가 발명된 시기에 발명되었다. 프렌치 프레스는 필터 막대기에 커피 가루를 채운 다음, 필터 막대기를 아래로 밀게 됨으로서 커피 추출이 진행된다.

1850년대 - 스팀의 작용에 의해 커피를 빠르게 추출할 수 있는 에스프레소가 등장했다. 1822년 에스프레소의 추출 방법에 대한 아이디어가 나온 이후, 1843년에 상용화되었고, 1855년 파리 박람회에 전시되었다. 전시 당시 시간당 1000잔의 커피를 추출했다고 한다. 이때의 에스프레소 머신은 스팀 방식으로 커피 가루에 필요 이상의 높은 열이 전달되거나, 스팀 폭발의 문제점 등이 상존해 있었다. 이전에 이미 에스프레소를 추출하기 위한 이상적인 조건은 90℃에서 9~10Bar 정도인 것이 실험적으로 확인되었으나, 당시의 스팀 방식은 온도는 필요 이상 높았고, 압력은 2Bar 정도가 한계였다.

1908년 - 주부인 멜리타 벤츠에 의해 최초의 커피 필터가 발명되었다. 커피를 여과할 때 사용하는 린넨 대신 거름 종이를 사용한 것이었다. 종이 필터는 거르고 남은 커피 찌꺼기를 함께 버릴 수 있고 여과천 처럼 번번이 세탁하지 않아도 되어 편리했다. 멜리타는 자신의 발명품을 베를린 특허청에 등록했고, 몇 달 후 멜리타 벤츠 회사를 세워 필터와 드리퍼레이터를 판매하기 시작했다.

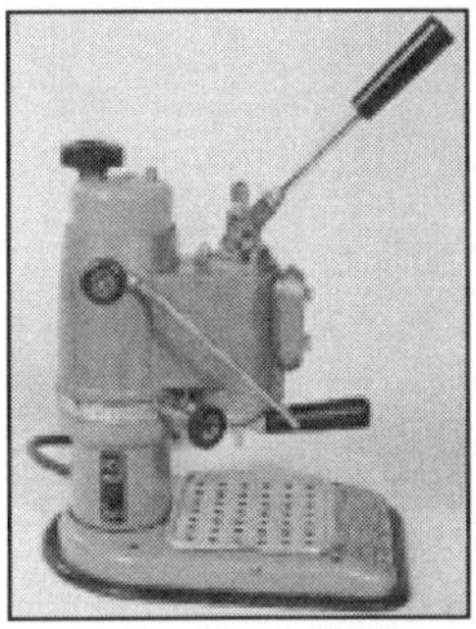

1935년 - 이탈리아의 일리라는 사람이 커피를 추출하기 위한 압력을 스팀이 아닌 공기를 사용하는 기계를 발명했고, 그 기계를 'Illetta'라고 이름지었다. 이 방식은 공기의 제어가 용이하기 때문에 스팀 폭발의 문제가 없고, 커피에 필요 이상의 높은 열로 가열될 염려가 없었다. 공기압으로 실린더가 움직여 물을 밀어 내기 때문에 커피 추출을 최적화하기 위한 물의 양을 조절할 수 있었다. 이 방식은 초기의 지렛대를 움직여 공기 압력을 얻는 수동 형태에서 모터를 구동하여 공기 압력을 얻는 반자동 형태, 그리고 커피의 분쇄와 추출이 일련의 동작으로 자동화된 완전 자동 방식으로 발전하게 된다.

1945년 - 이탈리아 밀라노의 한 술집 주인인 아킬레스 가지아가 에스프레소 기계를 완성하였다. 피스톤으로 높은 압력을 만들어내는 에스프레소 머신을 발명함으로써 색다른 맛의 커피를 맛볼 수 있게 된 것이다. 에스프레소 머신의 높은 압력은 커피 속에 함유되어 있는 지방 성분과 콜로이드 성분을 추출하여 음료의 밀도를 높여 주고, 향기를 그대로 입 속까지 전해 준다. 높은 압력을 이용한 에스프레소 기계는 커피를 재빠르게 추출해내므로 원두의 가장 부드럽고, 향기롭고 좋은 성분만을 걸러준다.

이브리크 : 터키식 커피 추출용기

사용방법

① 이브리크에 커피분말(10g)과 물(80ml)을 넣고 불 위에 올려 놓고, 잘 섞는다. 기호에 따라 설탕을 약간 넣는다.
② 거품이 나면 불에서 내리고 10~15초 정도 방치한다. 이를 3~4회 반복한다. 컵에 따른다. 40~50ml 서빙

Dutch Coffee

정확한 유래를 알 수는 없으나 커피종자를 유럽에 처음 가져온 것도 네덜란드인이고, 커피 묘목을 프랑스에 전파한 것도, 동인도 회사를 통해 식민지에서 커피를 재배해 유럽과 아메리카에 보급시킨 것도 네덜란드인들임을 상기했을 때, 더치커피 또한 커피 산지에서 자생적으로 이용되던 커피 추출방식을 네덜란드인들이 자연스럽게 도입한 것이라 생각된다. 더치커피(네덜란드식 커피)라는 이름으로도 그러한 유래를 짐작할 수 있다.
그러나 우리나라는 일본을 통해 더치커피의 추출방식과 기구를 접한 까닭에 일본제품을 주로 사용하고 있다. 더치커피가 네덜란드 것이라 하더라도, 우리는 일본을 통해 배웠으므로 정확하게는 '일본식 아이스커피'의 한 종류라 봐야 옳을 것이다.

일반적으로 더치커피를 찬물로 추출하다 보니 자연스럽게 '더치커피=아이스커피'라는 등식이 성립되는 모양이지만, 때론 뜨겁게 데워서 서브하기도 한다. 처음부터 과학적인 근거를 통해 찬물로 추출을 하게 되었다기보다는 찬물로 추출을 하다 보니 반대로 찬물로 추출할 경우의 장점을 찾고 연구하게 되었는데, 그 결과 뜨거운 물로 추출을 했을 때보다 맛과 향이 뛰어나고 카페인이 현저하게 적게 추출된다는 것을 알게 되어 더욱 선호하게 된 것이다.
일반적으로 뜨거운 물(82~92C)을 이용한 추출한 커피는 시간이 경과할수록 온

도가 떨어지면서 산화현상에 의한 맛과 향의 저하가 현저하게 일어난다. 그러나 뜨거운 물로 추출할 때의 장점도 있다. 한 가지만 언급하자면, 뜨거운 물은 차가운 물에 비해 커피입자에 잘 흡수되기 때문에 활발한 팽창 수축운동을 하고, 커피가 가진 성분을 충분히 녹여 추출을 이룬다는 것이다. 이러한 과정을 통해 풍부한 맛과 향을 가진 커피가 완성된다.

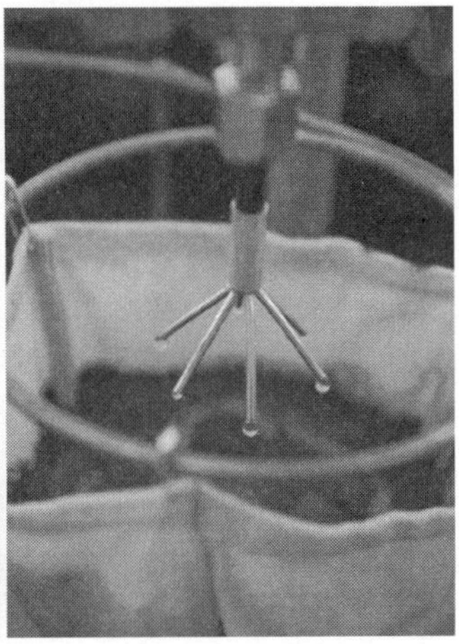

그렇다면 아이스 커피는 어떻게 만드는가? 뜨거운 물을 이용해서 추출한 커피를 차갑게 식혀 아이스커피를 만들 수도 있지만, 이렇게 추출한 커피는 시간이 경과함에 따라 맛과 향에서 현저한 맛의 변화를 일으킨다.

여기서 생각해야 할 것은 향이라는 것은 휘발성이라는 것 즉 시간이 지날수록 향이 급격하게 사라진다는 것이다. 그러므로 추출해서 시간이 경과한 커피는 맛과 향에 있어 신선한 커피라고 할 수 없다.

간편한 자동머신을 사용하지 않고, 직접 로스팅을 하고 또한 핸드드립을 하여 추출을 하는 것은 맛과 향이 신선한 커피를 손님에게 온전하게 제공하기 위해서다. 맛과 향이 신선한 커피를 손님에게 온전하게 서브하기 위해서는 남다른 노력과 시스템이 필요하다.

업소에서는 짧은 시간 많은 양의 아이스커피를 서브해야하기 때문에 일일이 그때마다 한잔씩 아이스커피를 만든다는 것은 손님과 만드는 사람 또한 많은 인내심과 노력이 요구된다. 이런 이유에서 더치커피가 만들어지지 않았을까 생각한다.
더치커피는 한 번에 적게는 5인분에서 많게는 30인분을, 동시에 여러 대의 기구를 사용했을 경우 수십 잔에서 수백 잔까지 추출할 수 있고 카페인이 현저하게 적다는 점에서도 매력적이다.

다만 추출하는 물이 찬물이라고 해서 항상 같은 온도를 가지고 있는 것은 아니기 때문에 항상 같은 온도를 유지하도록 신경을 써야한다. 사용하는 커피의 로스팅 정도와 분쇄한 커피입자의 매쉬, 커피가루와 투입되는 물의 양, 그리고 추출시간에 따른 추출량에 따라 표현되는 맛이 다르다는 것을 염두 해야 하며, 보관하는 용기의 청결과 밀폐정도, 맛의 균일성에서도 일관성을 유지해야 한다. 또한 찬물로 추출했다고 해서 이틀 이상 보관할 수 있는 것은 아니며 산화현상 또한 뜨거운 물로 추출했을 경우보다 늦게 진행할 뿐 전혀 없는 것은 아니다.

더치커피는 특유의 맛과 향 때문에 선호하는 고객들도 있으나 반대로 싫어하는 고객도 있으므로 모든 업소에서 아이스커피의 대안이 될 수는 없다.
에스프레소에 물을 섞어 쉐이킹하든, 얼음을 넣은 잔 위에 직접 드립퍼를 올려서 한잔씩 추출을 하든 그 샵에서 사용하는 기구와 추출방법이 그 샵에서 효율적이며 그 샵 커피의 개성을 살릴 수 있고, 커피의 신선한 맛과 향을 고객에게 제공할 수 있다면 최고의 Tool 이라 할 수 있다.

<만드는 방법>

① 에스프레소 입자보다는 굵고 Drip 입자보다는 가늘게 한다.

② 원두 400g, 눈 2000~2500ml 관의 6부 정도 따른다.

③ 여과지는 관에 위/아래에 두는데 그 이유는 물방울이 한곳에 떨어지지 않고 전체적으로 스며들게 하기 위해서이다.

④ 1초에 한방울정도 떨어지게 속도를 맞춘다.

⑤ 1200ml 정도 추출되고, 추출시간은 8~10시간 걸린다.

⑥ 냉장에서 2~3일 보관가능하다.

Dutch coffee는 다른 메뉴보다 카페인이 적다. 카페인은 75℃가 넘는 뜨거운 물에서만 녹기 때문이다.

Hot 메뉴 : 더치커피 100+물 20ml를 따뜻하게 데워서 serving

Ice 메뉴 : 잔의 6부를 커피와 찬물로 채우고, 얼음과 시럽을 넣고 serving

Syphon Coffee

① 전원을 on한다.

② 포트에 1잔보다 약간 많은 물을 붓는다.

③ 분쇄기 굵기를 2로 세팅을 한 후, 원두 25g (1인)을 분쇄한다.
ESP < syphon < Hand Drip

④ 관에 필터를 놓고 줄을 당긴 후, 원두를 넣는다.

⑤ 관을 비스듬히 놓는다. 그 이유는 끓기 전에는 진공상태가 되지 않아야 하기 때문이다.

⑥ 물이 끓으면 관을 똑바로 세운다.

⑦ 물이 끓어서 관으로 올라오면 막대로 원두를 저어준다.

⑧ 바닥에 약간의 물이 남아 있을 때 전원을 off한다.

- Drip 입자보다는 가늘게, Dutch보다는 굵게 한다.
- 양은 Drip보다 많게 한다.
- Bean Heater의 세기는 강하게 한다.
- 맛은 거친맛
- 물과 원두의 침출방식

4. 세계의 커피 (나라별 커피 알아보기)

비슷한 환경에 자생하는 식물 중 사회적 경제적 측면에서 가장 영향력 있는 식물인 '커피(Coffee)'는 꼭두서니(루비아제 Rubiaceae)과의 한 종류로서 6000개 이상에 달하는 종(Species)의 대부분이 열대림의 저층에 자리잡은 관목성 식물이다.

커피는 열대 아프리카 토종에서 부터 인도양의 특정 열도, 좀 더 정확히 예를 들자면 아프리카 남동쪽의 섬나라 메더게스카(Madagascar) 공화국까지 최소 25 종류 이상의 수종이 존재하는 것으로 밝혀져 있다.

Family(과)	**Genus**(속)	**Species**(종)	**Varieties**(종류)
Rubiaceae	Coffea	Arabica	Typia
		Canephora	Robusta
		Liberica	

커피 품종별 계통도

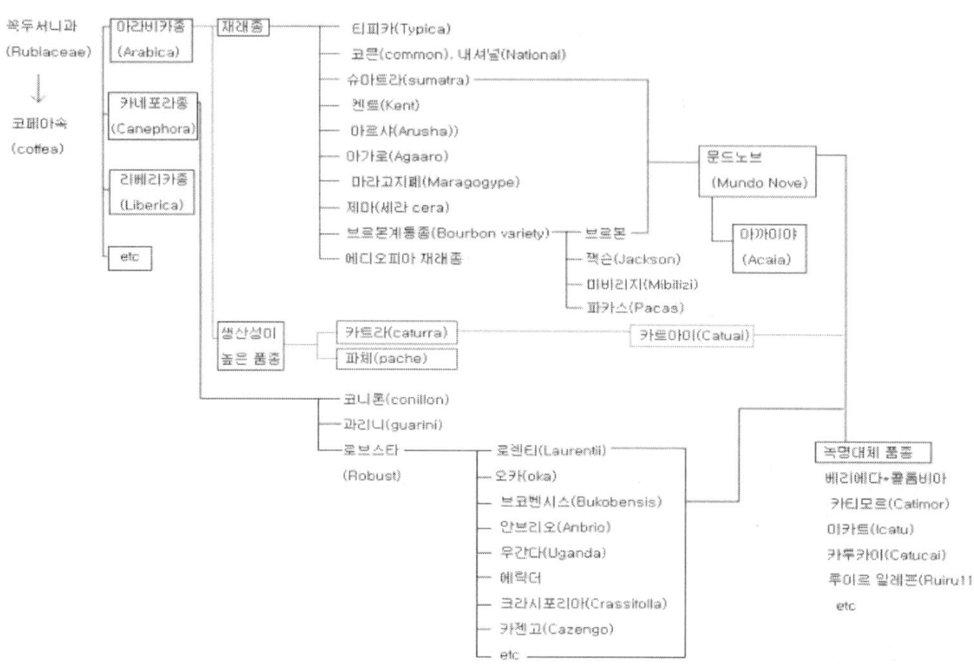

아프리카와 아시아 열대지방에서 약 40여종의 커피나무가 존재하지만, 커피를 생산하는 종으로는 아라비카 종과 카네포라 종이 재배된다.
커피원두를 구분할때는 아라비카와 로부스타로 구분하는 것이 일반적이다. 이때 아라비카는 아라비카 종 커피나무의 열매이며, 로부스타는 카네포라 종에 속한 여러 품종 중 하나인 로부스타 커피나무의 열매를 지칭한다. 카네포라 종에는 아프리카 중부를 원산지로 하는 리베리카 커피나무도 있으나 원두의 품질이 열등해 소량만이 생산, 소비된다.

스페셜티(Specialty) 커피

생두 자체의 품질은 물론 로스팅 및 추출에 있어서 가장 이상적인 커피를 말한다. 즉, 우수한 품질의 생두만으로 그 특성에 맞게 잘 볶아져서 적합한 조리법으로 만들어진 안정되고 맛있는 한 잔의 커피가 스페셜티 커피이다.

Straight coffee
단종커피를 말하며 각각의 개성이 있다. 생산국가, 수출항구, 등급 등으로 표시헌다.

Blend 커피
4~7, 8가지 종류를 혼합한 커피로 Brazil이 전 세계 70%를 차지한다.
배합을 통해 조화를 이루어 맛이 풍부하다. 적절한 볶음도와 배합비율이 맛을 좌우한다고 할 수 있다. 예를 들어 약간 부드러운 맛의 원두와 쓴맛을 원두로는 모카자바 블랜드로 섬세하고 부드러운 맛의 모카와 거칠고 쓴맛의 자바가 조화를 이룬다. 또한 바디감의 있는 커피나 개성있는 신맛의 커피의 결합으로는 브라질 산토스와 모카, 또는 모카, 자바, 코스타리카의 블랜드를 추천할 수 있다.

(1) 커피의 종류

① 아라비카 (Arabica Coffee)
② 로부스타 (Robusta Coffee)
③ 리베리카 (Liberica Coffee)
④ 엑셀사종 커피 (Excelsa Coffee)

커피 Map

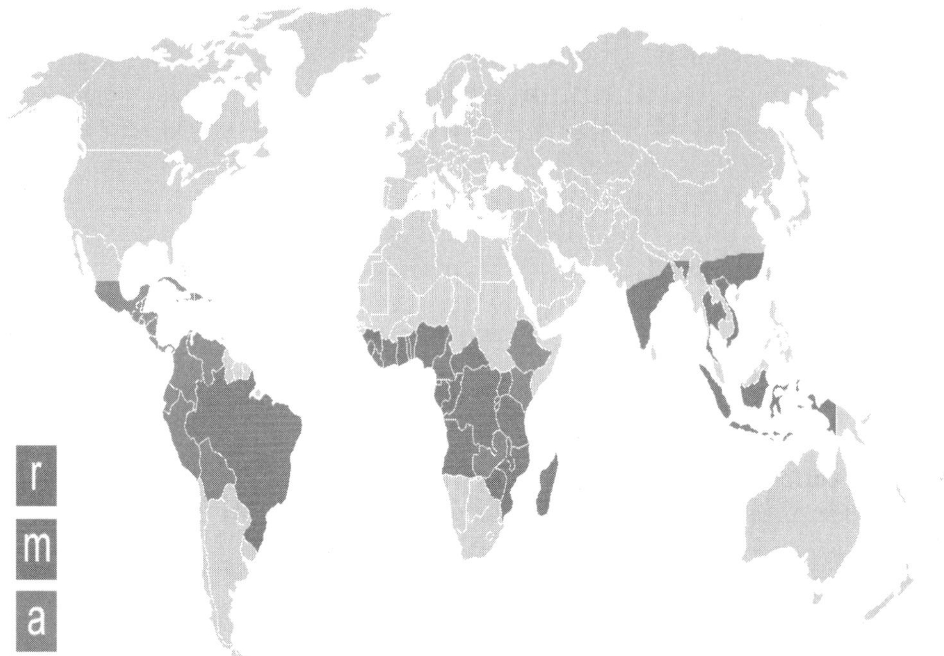

r : 로부스타(Robusta) 커피 생산
m : 로부스타(Robusta) 커피와 아라비카(Arabica) 커피 모두 생산
a : 아라비카(arabica) 커피 생산

① 원두의 종류 - 아라비카종

아라비카종은 전세계 커피 생산량의 70~80%를 차지하고 있는 커피로 주로 해발 고도가 높고 기후 조건이 잘 맞는 지역에서 자라며 맛과 향이 우수하여 고급 커피로 분류되고 있다.
생산지 : 브라질 · 콜롬비아 · 콰테말라 등의 중남미, 쿠바, 자마이카 등의 카리브해, 탄자니아 · 케냐 · 에티오피아 · 예멘 등의 동아프리카, 아라비아 반도, 인도, 인도네시아 일부 등

- 고도 900~2,000m에서 경작.
- 맛이 섬세하고 부드럽다.
- 신맛이 강하다.
- 향(Aroma)이 강하다.

- 카페인 함량 : 0.8~1.5%
- 커피 오일 함량 : 18%
- 당분 함량 : 8%
- 고급 원두 커피로 쓰인다.
- 병충해가 발생되기 쉬워 재배와 손질이 까다롭다.

② 원두의 종류 - 로부스타종

로부스타종은 품질이 낮아 전체 커피 재배면적의 9%밖에 되지 않으나 향기가 강하고, 커피 제조 과정에서 아라비카종 보다 향기가 증발하지 않는 장점이 있어 인스턴트 커피 제조용 원두로 그 중요성이 커지고 있다.
또 병해에 강하기 때문에 아시아의 아라비아 커피나무가 잎마름병으로 전멸한 이래 주목하게 되었다.
로부스타종은 전세계 생산량의 25%를 차지하고 있는 커피로 해발 고도가 얕은 지대에서도 잘 자라며 병해에 강하여 경작하기가 쉬우나 맛이 거칠며 품질이 떨어지는 단점이 있다. 카페인의 함량은 아라비카에 비해 높다.

- 생산지 : 동남아시아, 서아프리카 저지대
- 재배조건이 쉽다.
- 쓴맛, 강렬한 맛(거친 맛)

③ 원두의 종류 - 리베리카종

리베리카종은 10m가 넘는 큰 키 나무로 재배에 어려움이 많고 생산량이 적어 블렌드(배합)용으로 세계시장에 조금 공급되고 있다.

④ 원두의 종류 - 엑셀사종

엑셀사종은 모양과 품질이 아라비카종과 비슷하고, 내병성(耐病性)이 높아 근래 시험 재배되고 있다.

아라비카종과 로부스타종의 차이점

	Arabica	Robusta
'종'으로서 기술된 때	1753	1895
염색체	44	22
개화~결실까지 기간	9개월	10~11개월
개화	우기 후	불규칙
	Arabica	**Robusta**
성숙한 열매	떨어짐	나무에 붙어있음
생산량(kg/ha)	1500~3000	2300~4000
뿌리	깊게 내림	얕게 내림
연평균 최적 성장온도	15~24 ℃	24~30 ℃
최적 강우량	1500~2000 mm	2000~3000 mm
최적 성장지대(고도)	1000~2000 m	0~700 m
Hemileia Vastatrix (잎병)	영향받기 쉽다.	저항성 있다.
Koleroga (곰팡이 병)	영향받기 쉽다.	내성이 있다.
Neatodes(기생원추벌레)	영향받기 쉽다.	저항성 있다.
커피열매 병	영향받기 쉽다.	저항성 있다.
열매당 카페인 함량	0.8~1.4 %	1.7~4.0 %
열매 모양	납작	타원형
추출 시 특성	신맛	떫은 맛
섬유질	평균 1.2 %	평균 2.0 %

(2) 세계 커피의 지역별 특성

[라틴 아메리카]

라틴 아메리카의 커피는 아프리카나 인도네시아에 비해 순하다. 지방 명칭이나 농장 이름이 표시된 커피들은 고메(Gourmet)나 스페셜티(specialty)커피 같은 고급커피일 가능성이 높다. 그 외에는 나라명만 언급되는 경우가 많다.

멕시코(수세식) 깡통 커피용으로 값싼 아라비카를 수출하는 것으로 유명하며 옥사카(Oaxaca), 베라 크루즈(Vera Cruz), 치아파스(Chiapas)에서 좋은 커피들이 생산되지만 블렌드용으로 사용되기 때문에 스트레이트 커피로는 구하기가 어렵다. 이 커피는 모닝 커피로 적당한 가벼운 커피에 속한다. 신맛이 강하지만 밀크 초콜릿처럼 부드럽고, 땅콩(nutty 너티)맛이 살짝 느껴진다.

과테말라(수세식) 최고의 커피를 생산한다는 자부심을 가지고 정성을 들여 커피를 만든다. 세계적으로 잘 알려진 안티구아(Antigua)에서 생산되는 커피는 화산산(酸)의 영향으로 부드러운 가운데 신맛이 강하고 타는 듯(smoky 스모키)한 향과 톡 쏘는 향(spicy 스파이시), 초콜릿 등의 향이 난다. 그 외 코반(Coban), 후웨이후웨이테낭고(Huehuetenango) 등의 농장에서도 양질의 커피가 생산된다. 'strictly hard bean(가장 단단한 원두)' 라고 표기된 것이 가장 좋은 등급의 원두이다.

엘살바도르(수세식) 잦은 전쟁으로 인해 커피 시장이 위축돼 있다. 그렇지만 작은 나라임에도 불구하고 대규모의 커피 농장이 있으며(파카스, 보르볼롱, 로스 플루소레스 등), 피필(Pipil)과 같은 질이 좋은 아라비카도 생산된다. 과테말라 커피같이 신맛이 나고 바디(농도와 밀도)는 중간 정도이나, 단맛과 깊이가 더 한다.

온두라스(수세식) 멕시코, 엘살바도르와 같이 질 좋은 커피도 만드나 블렌드용으로 주로 쓰인다.

니카라구아(수세식) 다른 라틴아메리카 커피들에 비해 조금 헤비 바디(무거운 맛)를 갖고 있으며, 신맛이 약간 높다.

코스타리카(수세식) 라틴 아메리카 국가들 중 가장 선진화된 환경에서 상품가치가 높은 커피 생산에 힘쓰고 있다. 트레스 리오스(Tres Rios)에서 나는 커피는 마일드하고 달콤하고 바디가 풍부하며, 타라주(Tarrazu)지역의 커피는 트레스 리오스보다 더 진하고 허니(honey 꿀), 새콤한 과일, 초콜릿 등의 향이 난다.

파나마(수세식) 코스타리카 커피처럼 마일드하고 달콤해서 모닝 커피 블렌드로 많이 쓰인다.

자메이카(수세식) 자메이카 블루 마운틴(Jamaica Blue Mountain), 하이 마운틴(High Mountain) 등이 유명하다. 질 좋은 다른 아라비카에 비해 값이 10배 이상 비싼 이유는 생산량이 제한되어 있고, JBM(자메이카 블루 마운틴)의 80% 이상이 일본으로 수출돼 희귀하기 때문이다. 가장 맛의 조화가 잘 이루어진 훌륭한 커피로 인정받고 있으나 최근 들어 과다 생산으로 질이 가격에 미치지 못하고 있다. 하지만 100% JBM을 구할 수 있다면 꼭 마셔 볼 만하다. 한편 한국에서 유통되는 JBM은 거의 5%에서 30%정도의 블랜드이다.

하이티, 도미니카 공화국, 푸에르토리코, 쿠바(수세식) 바디가 풍부하고 신맛도 알맞게 들어있다. 그리 강하지 않은 에스프레소 블렌드에 주로 쓰인다. 도미니카 공화국, 쿠바의 커피 가격이 하이티, 푸에르토리코에 비해 저렴한 편이다.

콜롬비아 브라질(30%) 다음으로 많은 생산량을 자랑하며(12%), 체계화된 공정으로 질 좋은 커피생산을 늘리는 데 주력하는 한편 자국의 커피 이미지를 세계에 심는 데 힘쓰고 있다. 수프리모(Supremo)가 가장 높은 등급이며, 엑셀소(Exelso)가 그 다음이다. 메델린, 아르메나, 마리잘레스 지역은 앞자만 따서 MAM이라고도 부르는데, 세계로 수출되는 콜롬비아 커피 대부분이 이 곳에서 나온다고 해도 과언이 아니다. 셋 중 메델린의 커피가 가장 맛과 플레버가 강하며, 신맛이 잘 조화돼 있다.
그 외에도 보고타(Bogota)와 부카라망가(Bucaramanga)의 커피도 마셔볼 만한데, 바디는 중간 정도이나 플레버는 어디에도 뒤지지 않는다.

브라질(건조식) 부르봉 산토스(Bourbon Santos)가 제일 유명하다. 바디나 신맛, 플레버등이 모두 적당하게 들어있어 부드럽다는 느낌이 강하다. 세계에서 가장 많이 커피를 생산하지만 안타깝게도 저급 아라비카만 취급한다.

페루(수세식) 발전 가능성을 지닌 커피 나라로 블렌드용 커피가 주로 생산된다.

베네주엘라(수세식) 브라질, 콜롬비아같은 주변 국가에 밀려 아직 빛을 못 보고 있는 나라지만 전망이 밝다. 가볍고 깨끗한 느낌의 커피를 생산한다.

[아프리카와 아라비아]

에티오피아(건조식) 커피가 처음으로 발견된 나라이다. 하라(Harra)와 예르가체프(Yergacheffe)가 잘 알려져 있다. 에디오피아 동부에서 나는 하라는 신맛이 강하고 바디가 풍부한 편이며 때에 따라 블루베리 플레버와 와인과 같은 상큼함이 느껴진다. 남부 시다모(Sidamo)지방의 예르가체프는 개인적으로 추천하고 싶은 커피로 풍부한 바디에 비해 신맛이 적고 부드러워서 우리 입맛에 잘 맞을 것이다. 또한 살짝 풍기는 살구와 박하 향이 뒷맛을 개운하게 한다.

케냐(수세식) 소규모 농장에서 재배한 커피를 중앙으로 모아 한꺼번에 가공하여 등급을 결정한다. 알이 굵고 잘 여문 것을 골라 '케냐AA'라는 최고 등급을 준다. 그 다음 등급은 케냐A, B이다. 케냐의 커피는 풍부한 바디에 신맛이 강하지만 뒷맛이 깨끗하다.

이밖에 아프리카 커피 생산지로는 탄자니아와 우간다, 짐바브웨를 들 수 있는데 주로 로부스타종이 생산되고 있다.

예맨(건조식) 모카 커피로 유명한 나라이다. 그러나 미국이나 유럽에서 커피에 초콜릿과 반씩 섞어 마시는 모카 커피와 혼동해서는 안된다. 커피중 가장 신맛이 강하다. 살짝 흐르는 초콜릿 향과 감칠맛이 이 커피의 특징이며, 마타리(Mattari)와 시나니(Sinani) 지방의 모카를 제일 알아준다.

[인도네시아 군도]

1만 3,677개의 섬 중 12개의 섬에서 커피가 생산된다. 1696년 네덜란드 사람들이 자바섬에 처음으로 커피를 심은 이후 지금은 수마트라와 술라웨시에서도 많은 양이 재배되고 있다. 생산량의 90%는 로부스타 커피이지만, 질 좋은 아라비카는 미국과 유럽 등지에서 사랑받고 있다.

수마트라, 자바, 술라웨시에는 2~3년간 창고에서 묵힌 커피가 있는데, 다른 나라에서 생산되는 커피는 시간이 지나면 그린 빈으로서 가치가 떨어지는데 비해 인도네시아 원두들은 오래 되면 오래 될수록 신맛은 사라지고 단맛이 증가하는 특이한 현상을 보인다. 이것을 '에이지드 커피(Aged coffee)'라 하는데 유럽의 커피 애호가들이 많이 찾는 특이한 커피이다.

자바(수세식) 다른 원두에 비해 윤기가 많이 도는 자바 커피는 땅콩과 후추향이 살짝 비치는 무거운 커피다.
수마트라(건조식) 수마트라 커피 맛의 특징은 세계에서 가장 무거운 커피라는 점이다. 반면에 신맛이 낮아 감칠맛이 나며 작은 농장에서 과일 나무나 향신료와 같이 키우기 때문에 여러 가지 플레버들이 섞여있다. 단지 한 가지 단점이 있다면 해마다 그 맛과 질이 변한다는 것이다. 만델링(Mandheling)이 대표적인 커피로서 생산량은 적지만 가격은 저렴한 편이다.

술라웨시 인도네시아의 고급 커피가 생산되며 일본인들이 많이 찾는다. 수마트라만큼 바디가 풍부하고 신맛이 적다. 최근 미국 스페셜티 커피 전문점에서 많이 취급하고 있다.

파푸아 뉴기니(수세식) 뉴기니(New Guinea)라는 이름으로 시중에 나와 있다. 재미있는 사실은 1927년 자메이카의 JBM 종자를 가져다가 품종 개량에 성공해서 지금은 JBM만큼 맛있는 커피가 생산되고 있다는 점이다.

[기타 지역]

인도(수세식) 차로 유명한 인도는 커피 시장에는 잘 알려져 있지 않지만 특이한 향을 가진 커피가 생산되고 있다. 바디가 인도네시아 커피처럼 무겁고 신맛도 약하다. 재미있는 점은 커피에서 인도요리에 쓰이는 향신료 향이 난다는 것이다. 그리고 인도네시아처럼 에이지드 커피가 나오는데, 우기동안 몬순 바람을 받고 숙성되기 때문에 몬순커피라고도 부른다.

하와이 마일드하면서 여러 가지 맛과 향이 복합적으로 조화가 잘 되어있는 '하와이안 코나'로 유명하다. 엑스트라 팬시(Extra Fancy)가 제일 좋은 등급이다. 마우이섬과 몰로 카이섬에서도 비슷한 커피가 생산되지만 코나에 비해 향이 좀 떨어진다.

이상으로 지역별 커피의 특성에 대해 알아보았다. 수많은 외래어와 지명이 생소하겠지만 커핑할 때 참고함으로써 커피를 좀더 넓고 깊게 이해하는 데 도움이 됐으면 한다. 한 가지 덧붙이고 싶은 것은 꼭 비싼 커피나 포장이 화려한 커피가 좋은 것만은 아니라는 점이다. 때와 용도에 따라 알맞은 커피를 선택할 줄 아는 것이 무엇보다 중요하다.

(3) 원두 소개

Straight Coffee 커피의 이름은 ?

나라이름 + 지역이름, 등급, 수출항구

① 생산국가 + 생산지
예) Jamaica Blue Mountain, Hawaiian Kona, Guatemala Antigua

② 생산국가 + 수출항구
예) Brazil Santos, Ethiopia Mocha, Yemen Mocha

③ 생산국가 + 등급명
예) Costarica : SHB(Strictly Hard Bean), HB
Colombia : Supremo, Excelso
Kenya : AA, A, B

Brazil Santos No2

브라질은 세계 커피 생산량의 30~35% 정도 차지하는 커피 최대 재배 국가이다.
수백만 그루의 커피나무가 자라는 광대한 농장이 남중부, 남서부지역에 밀집되어 있으며 수확 후 대부분은 unwashed 가공방법으로 기계화에 의한 대량 생산 체제를 갖추고 있다.
브라질 커피는 중간 사이즈의 크기에 뚜렷한 장점이나 개성이 부족한 반면에 안정적인 품질을 유지하기 위해서 꼭 필요한 커피이다
또 **가벼운 커피향과 중성적인 맛을 지닌 부드러운 커피**로서 어떤 산지의 커피와도 잘 어울려 맞는 커피이기 때문에 거의 모든 브랜드에 널리 들어갈 정도로 많이 쓰이고 있다
대표적인 커피는 Santos, Bourbon 등은 부드러운 향과 알맞은 산도를 지닌 커피이다.
Santos No2는 300g중 결점두 수가 4개 이하인 최고급품으로 통상적으로 큰 알맹이의 콩이 많고 로스팅이 균일하게 이루어지며 스트레이트로 마셔도 손색이 없는 맛있는 커피이다.
생김새 : 노란색이나 연녹색, 마일드보다 작고 둥글다.

Mild
Roasting Point : High
Body *
Acidity **
Sweet **
Bitterness *
Balance **

Colombia Supremo

콜롬비아 커피생산자협회(FNC)의 철저한 품질검사를 거쳐 출하되며 나리노지방의 천혜의 자연조건과 낮과 밤의 뚜렷한 기온차로 커피체리가 수축, 이완을 반복함으로써 풍부한 신맛과 커피향을 간직한 커피이다. 신맛은 너무 강하지 않은 양질의 커피콩이다. 신맛을 살리려면 시티로스팅 이상으로 볶아야 한다.

생김새 : 청록색을 띠며 크고 두껍다.

Roasting Point : City, Full City
Body : ***
Acidity : **
Sweet : ***
Bitterness : **
Balance : ****

Costarica Tarrazu

카리브해 서쪽에 위치한 코스타리카는 태평양해안을 접한 곳에서 커피가 재배된다.
품질이 우수하고 풍족한 커피향과 감칠맛이 있어서 인기가 높으며 100% 아라비카 커피를 생산하는 국가이다.
대부분 수세식 가공으로 이루어지나 일부에서는 수세식과 자연건조 방식의 중간 형태인 Semi-Washed방법을 이용하기도 한다.
커피 애호가들이 훌륭한 커피로 인정하는 수도 Sanjose에 인접한 Tarrazu 지방의 "LA Miniti Tarrazu" 제품은 육안으로 콩자체가 매우 크며 알찬 모양을 가지고 있으며 스트레이트로 마셔도 **향과 신맛을 느낄 수** 있으며 입안에 커피향을 오랫동안 간직할 수 있다
Guatemala coffee 보다 Body가 강하며 독특한 Acidity가 있다.
중후함이 느껴지고 맛이 부드러우며 신맛이 풍부하다.
aromatic향과 톡 쏘는 신맛에 이어 구수한 톤의 여운. cool해지면서 맛의 변화가 나타난다. 식어도 좋은 커피.

한편 Volcano Poas근처의 Fjo sarchi 커피도 Best 커피로 인정되고 있다.
단종으로 널리 사용되며 독특하고 특별한 맛을 낼 때 Blending용으로 쓰기도 한다.
생김새 : 크고 깨끗하며 청록색을 띤다.

Roasting Point : Full City
Body ****
Acidity ****
Sweet ***
Bitterness ***
Balance ****

Cuba Crystal Mountian

카브리해에 위치한 쿠바는 1,500개의 작은 섬으로 구성된 천혜자연 조건을 지닌 커피 재배국가로 Bourbon, Typica, Catura, Catuai 종이 주종을 이루며 Haiti에서 커피나무가 전해졌다.
주 재배지역은 East지역에서 거의 80%이상 생산되며 나머지는 Center, West에서 일부 재배되고 있다.
주로 수세식 건조방법으로 가공되며 커피등급은 생두의 스크린 size에 따라 Extra Turquino, Turquino, Altura, Mantana, Cumbre, Caracolillo로 구분된다.
쿠바 커피는 신맛, 단맛, 쓴맛의 밸런스를 잡기 위해서 중간 정도의 볶음을 해야 하며 스트레이트로 마시기에 적합하다. 자메이카 블루마운틴과 흡사한 맛과 향을 가지고 있어서 자칫 혼돈되는 경우가 있다.

Mild
Roasting Point : High
Body **
Acidity ****
Sweet ****
Bitterness *
Balance ***

Ethiopia Mocha Yirgacheffe

에디오피아 커피 중에 가장 알이 작고 단단한 경도를 갖고 있으며, 세척된 Yirgacheffe는 가장 품질이 조은 고지대(해발 2,000~2,200m)에서 재배된 커피 중 하나이다. 이 야생의 커피는 텃밭 정도의 소규모 농장에서 재배되어 인근 오두막에서 건조될 정도로 전통적이고 자연적인 방식으로 생산된다.

아라비카 커피의 본산지인 에디오피아의 남부 지방에서 재배되는 수세식 커피의 대명사로서 Yirgacheffe는 깔끔하면서도 부드러운 신맛이 특징이며 부드럽게 넘어가듯 입안을 감싸는 질감은 Yirgacheffe의 높은 품격을 반영한다. 잔아하게 이어지는 여운 또한 달콤하다.

에디오피아 모카커피 대부분은 주로 예멘모카 대신 브렌딩용으로 널리 애용되고 있지만 스트레이트(단종커피)로 마셔도 모카커피의 진수를 충분히 맛볼 수 있는 훌륭한 커피이다.
이 커피는 하라에 비해 **초콜릿 맛과 신맛이 강**한데, 그 신맛이 레몬 맛처럼 느껴지기도 한다. 또 **여운이 길고 은은한 꽃향기가 나며 최상의 모카 풍미와 향**을 가지고 있다. 이 커피는 독일 회사인 달마이어사가 거의 독점하고 있다. 미국에는 부분적으로 들어와 애호가들의 사랑을 받는다.

향과 맛 : 스위트마리아스의 컵리뷰에서 커피꽃으로 콧등을 칠 때 나는 향으로 표현한다. 독특한 향이 좋고 커피라기보단 차에 비유하기도 한다. 쟈스민의 향, Seductive라는 형용사를 잘 안 쓰는데 이 커피엔 이 단어를 사용한다. 정결하고 sweet한 뒷맛이 나면 이 커피의 캐릭터를 살린듯하다.

볶는 포인트 : 어가체파(이르가체프, 이가체프 등으로 읽기도 한다)는 1차크랙이 종료되자마자 볶기를 끝내야 한다. 2차크랙을 확인할 정도로 볶이면 한약맛이 난다. 따라서 가급적 1차크랙 끝나면 바로 roasting을 마쳐야 좋은, 특유의 섬세한 향과 부드러운 뒷맛을 즐길 수 있다.

물론 Wet Processed처리한 커피의 경우로, 건조처리(Dry Processed)한 어가체파와는 전혀 향과 맛이 다르고 볶은 포인트도 다르다.

Mild
Roasting Point : High Medium
Body **
Acidity *****
Sweet **
Bitterness *
Balence **

Ethiopia Mocha Harrar

아라비카 커피의 본산지인 에디오피아는 생산량의 약 50%정도가 해발 2000~3000m 이상에서 재배되는데 동부산악지대에서 가장 높은 하라 지방에서 재배되는 커피를 Mocha Harrar라 부르며 **풍부한 커피향과 부드러운 신맛**을 느낄 수 있으며 모양에 따라 다시 Longberry와 Shortberry로 나누어진다.
예멘 모카에 비해 산도는 뛰어나지만 Body가 약한 단점이 있다. 그러나 풍부한 커피향을 느끼기에 충분한 고급 커피이다.
또 서부내륙 Kaffa지방의 해발 2500m 고산지대에서 재배되는 Djimmah, Limu, Babeka등이 있으며 중부지역에 수세식과 비수세식의 가공방법을 병행하는 Sidamo 커피가 있다

그리고 남부지역에는 수세식 커피의 대명사인 Yirgacheffe가 재배되고 있는데, 이 Yirgacheffe는 깔끔하면서 부드러운 신맛이 특징입니다.
에디오피아 모카커피 대부분은 주로 예멘모카 대신 브렌딩용으로 널리 애용되고 있지만 스트레이트(단종커피)로 마셔도 모카커피의 진수를 충분히 맛볼 수 있는 훌륭한 커피이다.

Medium
Roasting Point : High Medium
Body **
Acidity *****
Sweet ***
Bitterness *
Balance ***

Ethiopia Sidamo

깨끗한 신맛, 향기로운 바디감
예르가체프와 닮았고, 예르가체프에 비해서 여운이 짧은 반면 꽃향기와 과일 향기가 보다 농밀하게 배어 나온다. 콩은 중간 크기이고 녹색을 띤 회색 빛깔이다. 수세식 시다모는 특별히 균형잡힌 신맛, 좋은 질의 모카향으로 평가받고 있지만 비수세식 시다모는 질이 떨어지는 커피이다.

공정처리 : Wet processed
Roasting Point : Fullcity 2차크랙 소리 확인전
향과 맛 : 갈을 때의 향은 시다모 특유의 독특함이 진동한다. 시다모 특유의 꽃향이 느껴져야 하며 Sweet한 뒷맛과 약간 carbony한 맛이 나야 water 처리한 시다모의 캐릭터를 맛볼 수 있다. 150ml에 15g 내외로 내려먹으면 한모금의 시다모가 오래오래 입안을 감싸돈다. 다 식어도 맛있어야 한다.
Tip : 약하게 볶으면 특유의 신향이 강해 먹기가 부담스럽고 좀더 볶아 2차크랙을 확인할 정도에서는 흔히 말하는 누룽지 또는 한약같은 향이 날수도 있다. 입맛에 따라 볶아내지만 2차크랙을 확인하기 전에 종료한 것이 입맛이 맞는 듯하다.

Guatemala Antigua

과테말라는 중남미를 대표하는 풍부한 커피향을 지닌 화산지대에서 재배되는 Body가 강한 훌륭한 커피가 생산되는 국가이다.
중부 고지대에서 재배되는 Sacatepequez지방 안티구아 커피는 Smoky향이 나타나는 독특한 커피로 유명하다.

재배되는 고도에 따라 등급 구분이 이루어지는데 1600~1700m의 높이에서 재배된 것이 Strictly Hard Bean (SHB)이고, 1350~1500md의 높이에서 자란 것을 "Hard Bean"이라고 하며 850~1000m의 높이에서 자란 것은 "Prime Washed"라고 부른다.
SHB는 **Body가 강하며 신맛이 매우 강할 뿐만 아니라 감칠맛이 나는** 훌륭한 커피로 알려져 있으며 특히 과테말라시 남부지방에 위치한 Autigua는 풍족한 강우량과 비옥한 화산 토양에서 생산된 좋은 향기가 있는 커피로서 바디가 강하며 신맛이 매우 강할 뿐만 아니라 감칠맛이 있어서 세계 커피메니아의 사랑을 받고 있는 최고급 커피이며 Body와 신맛이 강해 Straight용으로 널리 이용되며 Blending시 풍부한 커피향을 강조하고 싶을 때 주로 사용한다.

Roasting Point : Full City
Body ****
Acidity ***
Sweet ***
Bitterness ***
Balance *****

Hawaiian Kona Extra Fancy

하와이주는 8개의 큰 섬과 120개 이상의 작은 섬이 전체길이 2400Km에 걸쳐서 나란히 늘어져 있다.
하와이안 코나는 하와이주 최대의 섬인 하와이섬의 해발 4500미터 Mauna Loa, Mauna Kea산 서쪽 사면에 있는 코나 지방이 그 생산지이다.
이 지역의 기후는 북동 무역풍이 부는 열대에 위치하기 때문에 화산의 서면은 열대우림기후이며 연간 강우량이 많은 것이 특징이다.
하와이안 코나는 **중, 강배전한 트로피칼한 좋은 향기** 가운데 **예민한 신맛**을 지닌 커피로 훌륭한 맛을 지니고 있으나 생산량이 아주 적어 값비싼 커피로 알려져 있다.
하와이안 코나는 세계 최고의 커피중 하나이며 그 중 가장 큰 알맹이로서 결점두가 적은 것을 Extra Fancy라 분류한다.

Roasting Point : City
Body *****
Acidity ****
Sweet ***
Bitterness ***
Balance ****

Indonesia Sumatra Mandheling

크고 작은 많은 섬으로 이루어진 인도네시아는 아라비카종 생산은 10%에 불과하며 대부분 로브스타종 생산이 주가 되는 국가이다.
주요 생산지역은 크게 java, sumatra, sulawesi, Timor로 나누어지는데 생산의 90%가 남부지역에서 치중되어 있으며 나머지10%정도가 북부지역에서 생산된다.
Java 커피는 Sumatra나 Sulawesi 보다 신맛이 더 있으며 향긋한 향을 지니고 있다.
Sumatra Mandheling 커피는 수마트라섬 북부 Medan 지방에서 재배되는데 아라비카 커피 중 **가장 강렬한 Body를 가지고 있으며 풍부한 향**을 지닌 고급 커피이다
Sumatra Mandheling 커피는 진한 커피향을 만족할 수준까지 끌어낸 강배전 커피이다.
Sulawesi는 Celebes 라고 부르며 대표적인 커피로 Kalossi 가 있다.
외관 모양은 Mandheling과 비슷하나 강렬한 감칠맛, 풍부한 향은 조금 떨어지고 신맛은 조금 더 있다.
로브스타종의 대표적인 재배지역은 Java섬으로 병충해의 저항력이 강해 대량으로 생산되고 있다.
생김새 : 작고 둥글며, 황갈색을 띤다.

Roasting Point : Full City
Body *****
Acidity **
Sweet **
Bitterness ****
Balance ***

Jamaica Blue Mountain

블루마운틴은 커피맛의 조화가 가장 잘 이루어진 커피로서 Blue-Mountain산을 중심으로 Wallen ford지방과 Mavis Bank지방의 고산지대 커피가 가장 최고급품으로 알려져 있으며 가장 훌륭한 커피로 인정받고 있는 세계 최고 수준의 커피이다.
일반 커피(마대자루 포장)와는 다르게 블루마운틴은 "Wood barrel" 70Kg 통 속에 짙고 투명한 녹색을 띤 생두가 깨끗하게 가공되어 푸른색 종이에 곱게 싸여 수출되며 그 통 속에는 Blue-Mountain No-1인 경우 녹색 자메이카 정부 인증서가 담겨져 있고 Blue-Mountain No-2는 청색 인증서가 포함 되어 있다.
적은 생산량 때문에 전통적인 old Arabica종이 아닌 개량된 Arabica종자에서

재배된 것과 저지대 Bean이 혼합되어 수입되는 경우가 가끔 있어 블루마운틴 커피의 본래의 맛과 질을 떨어뜨리는 안타까운 현실도 있지만 많은 경험으로 구별할 수 있다.
일본에서 특히 인기있으며 **신맛, 쓴맛, 단맛, 감칠맛의 조화가 뛰어나고** 완성도가 높은 커피이다.

Mild
Roasting Point : High
Body ***
Acidity ****
Sweet ****
Bitterness ***
Balance *****

Kenya AA

케냐 커피는 거의 대부분이 고산지대인 1500~2100m에서 자라서 독특한 씁쌀한 맛이 일품이며 향이 강하고, 훌륭한 신맛과 Balance가 잘 잡힌 고급 커피로 AA plus-plus, AA plus, AA, AB 등으로 구분되어 진다.
케냐 AA는 강한 Body를 느낄 수 있으며 맛의 바란스가 잘 잡혀 있다.
톡쏘는 듯한 커피맛과 신맛을 살짝 느낄 수 있는 커피향과 과일향과 꽃향기가 난다. 강배전된 커피로 아프리카의 대표적인 커피이다.
Kenya peaberry 커피 또한 커피 매니아들을 흥분시키는 좋은 커피로 알려져 있다.
외관이 완벽하며 무게감이 느껴지는 강력한 커피이며 정성을 드린 강배전 커피에서 느낄 수 있는 열대과일 향의 단맛을 느낄 수 있다.
독특한 커피 맛을 원할 때 Blendig용으로 사용하기도 하며 일반적으로 Zimbabwe 커피와 유사한 맛과 모양을 가지고 있어 종종 혼돈되는 경우가 있다.
생김새 : 크고 청록색을 띤다.

Roasting Point : Full City
Body *****
Acidity ****
Sweet **
Bitterness ***
Balance *****

Mexico Altura

1,700m 이상의 고산지대에서 재배된 커피로 수세식으로 가공되며 마일드한 신맛과 단맛이 뛰어나다.

Roasting Point : High
Body : **
Acidity : ***
Sweet : ***
Bitterness : **
Balance : ***

Mexico Maragogipe 멕시코 마라고지페

마라고지페란 기형적으로 큰 원두를 말하는데, 코끼리 원두라고도 부른다.

이것도 피베리와 마찬가지로 일반 커피에 섞이면 불량품이라고 부르지만 이것만 모아도 아주 특별한 맛을 연출하는 상품이 된다. 물론 고가에 팔린다.
마라고지페는 멕시코에서만 생산되는 것은 아니다. 브라질이나, 이디오피아, 인도네시아에서도 생산된다. 그러나 이를 따로 모아 상품화한 대표적인 나라는 멕시코와 과테말라다.

Peru Chanchamayo

페루 중부지역의 안데스산맥 줄기의 찬차마이오 계곡에서 재배된 커피로 중배전해서 **마일드한 신맛과 단맛, 부드러운 커피향**을 살린 커피이다.

Roasting Point : High
Body : **
Acidity : ****
Sweet : ***
Bitterness : *
Balance : ***

Tanzania Kilimanjaro AA

아프리카 대륙 동쪽에 위치한 탄자니아는 국토의 대부분이 1000m이상의 고원지대로 북동부에 위치한 아프리카의 최고봉 킬리만자로(5895m)에서 재배된 킬

리만자로는 강한 신맛과 개성적인 향을 지닌 커피로 유명하다.
케냐와의 국경지대인 Kilimanjaro산 근처의 Moshi 농장에서 재배되는 커피를 최고로 치며 로브스타 재배지역은 Tanga 지역을 중심으로 Usambara지방에서 주로 생산되고 있다.
남부지역에도 농장이 몇 군데 위치하고 있는데 북부지방 커피에 비해 맛과 향이 약해 수출되는 생두가격에도 차이가 있다.
대부분 소규모 소작농으로 생산되며 Kanya 커피보다는 **부드러우면서 강한 신맛을 유지하며 개성적인 향기가 있으며 Body가 강한 특성**을 지니고 있는 커피로 스트레이트나 브랜드 어느 쪽이라도 즐겁게 마실 수 있다.
생김새 : 두껍고 약간 크다.

Roasting Point : City
Body ****
Acidity ****
Sweet ***
Bitterness **
Balance ****

Yemen Mocha Mattari

예멘 모카는 6세기 이후부터 수백년 동안 자라온 Tapica. Bourbon의 전통적인 old Arabica 종자로 재배 되며 가공 방법 또한 원시적인 방법을 통해 자연건조로 가공하고 있다.
들쭉날쭉한 크기나 못생긴 외모에도 불구하고 **적당한 산도, 흙냄새와 초코릿향의 오묘한 조화로 풍부한 향**을 지닌 개성적인 커피이다. 커피 매니아들 사이에서 최고의 커피로 불리어 진다.
모카 등급은 최고급을 Mattari로 부르며 두번째가 Sharki 세번째가 Sanani 이다.
특히 수도 Sanaa 서쪽의 Bany Matar산악지대에서 재배된 최상의 품질인 Gorden Mattari는 소량 생산으로 그 진귀함을 더한다.
Rosting정도는 Medium으로 했을 때 가장 최상의 모카 커피 맛을 볼 수 있다.

Mild
Roasting Point : Medium
Body ***
Acidity *****
Sweet ***
Bitterness *
Balance ****

III. Espresso

1. **Espresso의 의미**
2. **구성**
3. **Espresso가 잘 추출되었는가를 쉽게 판단하는 방법**
4. **최상의 Espresso를 얻기 위한 조건**
5. **에스프레소 머신**

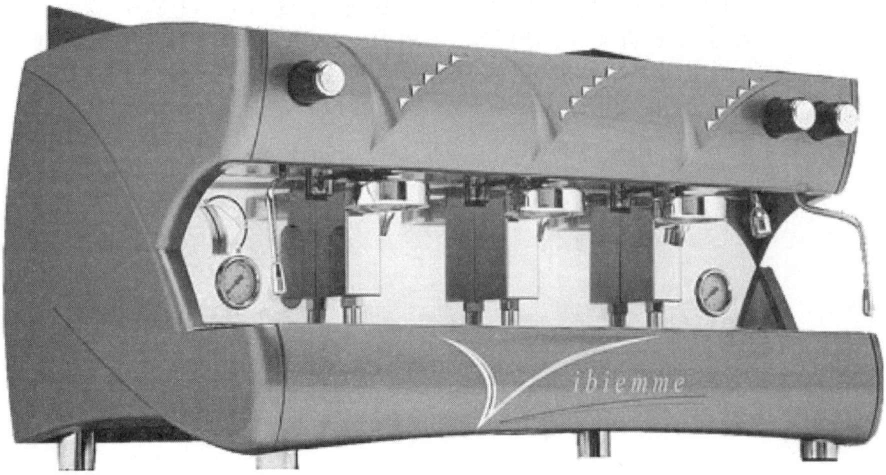

1. Espresso의 의미

1) Express 빠르다. rapid, fast
   - 커피 추출의 빠름, 커피를 마시는 속도의 빠름을 의미
2) 힘에 의해 Press out
3) particularly 특별한 한 사람을 위해 만들어지는 커피

"강하게 볶은 원두를 곱게 분쇄하여 에스프레소 전용 커피머신으로 추출한 커피"라고 할 수 있다.
맛있는 에스프레소를 추출하기 위해서는 커피 양은 25~30ml, 원두의 양 7~9g, 물의 온도 88~92℃, 커피 머신의 기압 8~9 bar, 추출시간 25~30초의 조건을 유지시킨다. 빠른 시간의 추출된 30ml의 커피는 3~4ml 정도의 황금색 크레마를 띤다. 호랑이 줄무늬가 그려진 황금색 크레마는 커피의 맛과 향을 머금고 있다. 따라서 에스프레소는 이 크레마가 사라지기 전, 그 향과 맛이 삭감되기 전에 재빨리 음미하는 음료이다.

형용사적 의미

어떤 누군가가, 어떤 것을 원했을 때 그 순간에 만들어진 최상의 것이라고 할 수 있다. ① 어떤 누군가 : 고객이고, ② 어떤 것을 원했을 때 : 메뉴 주문할 때, ③ 그 순간에 만들어진 : 바로 만들어진 최상의 커피를 제공하는 것이다.

2. 구성

75ml의 잔

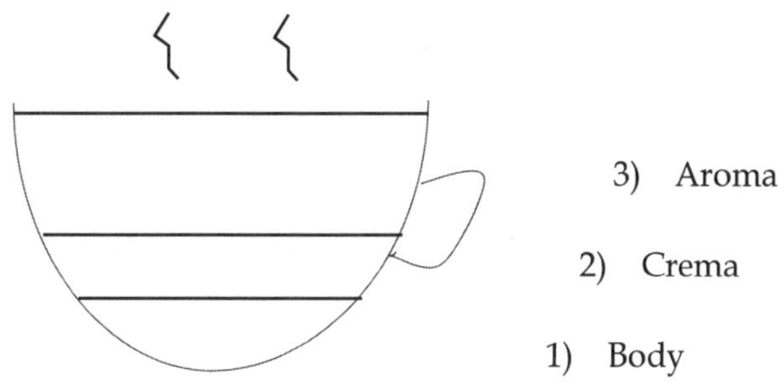

중요도 3 < 2 < 1

3) Aroma
"신선도"를 평가할 수 있고, 향은 휘발성이 강해서 단시간에 사라진다.

2) Crema
거품를 말하는데, 거품이 생기는 이유는 원두의 입자 알갱이 하나하나에 뜨거운 물이 닿았을때 수축과 팽창이 이루어지면서 거품이 생긴다. 거품을 통해 신선도의 구별을 쉽게 할 수 있다.
거품의 역할은 첫째, Body가 가지고 있는 온도를 유지시켜주고, 둘째, Body가 가지고 있는 향이 달아나는 것을 막아준다. 셋째, 크레마 자체가 부드럽고 상쾌한 맛을 가지고 있다. 보통 30ml 커피의 3~4ml 정도의 크레마가 생기며 호랑이 줄무늬가 그려진 황금색을 띤 것이 이상적이다.
좋은 크레마의 조건으로는 신선한 원두, 좋은 에스프레소 머신, 분쇄정도, 탬핑, 신선하고 깨끗한 물 등을 들 수 있다.

1) Body
가용성 성분으로 신맛, 쓴맛, 단맛, 떫은 맛, 감칠 맛 등의 맛을 표현한다. 원두의 성분과 물의 비율은 87% 이상이 물이고, 그 나머지는 원두가 차치한다.

조건

1) 에스프레소는 에스프레소 전용 머신을 통해서 추출해야 한다.
   모카포트, 가정용 또는 에스프레소 머신 등을 사용한다.

2) 에스프레소 방식이란 강한 압력으로 재빨리 추출된 커피 의미한다.
   핸드드립, 프렌치 프레스로 아무리 진하게 추출을 해도 에스프레소라 부를 수 없는 이유는 방식이 다르기 때문이다.

3) 에스프레소용을 로스팅되고 블렌딩된 커피를 사용하여 위의 추출방법에 의해 만들어진 커피이다.
   - 스트레이트 커피나 신맛 살린 드립용 블렌드를 쓰지 않는 이유는 에스프레소가 강하고 묵직한 바디감을 강조하는 커피이기 때문이다.
   - 에스프레소 잔, 카푸치노 잔은 두툼하고 묵직하다. 잔에서도 ESP의 맛과 깊이를 느낄 수 있어야 하기 때문이다.
   - 스트레이트 커피는 ESP가 요구하는 무거움을 표현하지 못한다.
   - 신맛이 강한 커피에 압력을 이용할 경우 커피는 시큼한 맛이 두드러지는 경향이 있다.
   - 강배전 : 이탈리안, 프렌치 로스팅, 에스프레소 로스팅

4) 손님에게 서빙되는 방식이 에스프레소 방식이다.
   - 적은 양의 진한 에스프레소는 한 잔의 물과 함께 작은 잔에서 서빙한다.
   - Take out을 하지 않도록 권유, 한참 후에 마시는 커피가 아니다.
   - 크레마가 사라지기 전에 진한 향과 바디감이 사라지기 전에 재빨리 마셔야 그 맛을 제대로 음미할 수 있기 때문이다.
   - 데미타스 잔에 서빙한다.

일반 커피와의 차이점

1) 아주 곱게 분쇄한다. 단시간에 뜨거운 물이 원두커피의 가루 사이를 빠져나가기 때문에 드립을 위한 중간 혹은 거친 분쇄를 이용할 경우 원두의 성분이 충분히 녹지 않아 가볍고 어설픈 맛이 연출되기 때문이다.

2) 강배전한다. 약배전 원두는 신맛이 지나치게 강하다. 강배전된 원두로 드립을 하면 지나치게 쓰고 무거운 느낌이 든다.

3) 추출시간이 짧다. 드립 1~2분, 에스프레소 25~30초 커피의 엑기스 추출한다.

4) 농도가 짙다. 곱게 분쇄하여 탬퍼라는 기구로 다져서 고압력을 이용하여 강제적으로 추출하는 에스프레소는 다른 커피에 비해 진한 엑기스를 만든다. 에스프레소는 드립과 비교할 때 같은 양의 더운 물로 녹이는 성분이 많아 더욱 진하다.

5) 맛의 표현이 다르다. 드립은 깔끔하고 긴 여운 강조한데 비해, 에스프레소는 묵직하고 강하며 전체적으로 퍼지는 바디감을 중요하게 생각한다.

6) 카페인의 함량이 적다. 카페인은 로스팅이 강하게 할수록 줄어드는데, 에스프레소는 일반적으로 강배전된 커피를 사용하여 재빨리 추출하는 것을 기본

으로 한다.

7) 추출 양이 적다. 드립은 150ml 정도, 에스프레소는 30~60ml 정도

8) 마시는 방법이 다르다. 작은 데미타스 잔에 나오는 에스프레소의 적당한 쓴 맛은 단맛과 궁합이 맞는다. 이탈리아 사람들은 에스프레소에 설탕이 바닥에 깔릴 정도로 넣어 마셔야 진정한 에스프레소의 매력을 느낄 수 있다고 한다.

9) 추출방법이 다르다. 드립은 중력을 이용한 물의 자연스러운 흐름을 강조하는데 비해, 에스프레소는 고온의 증기압으로 강제로 추출하며, 에스프레소머신 을 사용한다. 기압은 1.5～10기압 정도이다.

3. Espresso가 잘 추출되었는가를 판단하는 방법

(1) Crema의 상태

에스프레소 상부의 짙은 황금색 오일 거품층인 '크레마(crema)의 상태는 추출된 에스프레소가 좋은지 나쁜지를 판단할 수 있는 기준이 된다.
에스프레소의 1/10 정도에 해당하는 크레마가 에스프레소 자체를 의미하는 것은 아니지만, 크레마는 에스프레소의 풍부한 향기, 중후한 바디감과 부드러움, 향미와 지속되는 여운을 잘 보여주는 결정체라고 할 수 있다. 또한 크레마를 좀더 과학적으로 정의하자면, 물분자와의 사이에서 강한 '표면장력'을 가진 액체 층에 떠있는 가스 거품층으로, 아주 밀집된 구조와 견고성으로 인해서 추출 후에도 2분 이상 지속되는 성질을 가지고 있다.

① 두께
- 두께 : 3~4mm 정도
- 잔을 통해서는 알 수 없으므로 온스잔을 통해 파악한다.
- 1OZ = 30ml = 30g(물 기준)
- 온스잔의 종류 : 1, 1½, 2 OZ
- 잔의 크기는 같으나, 잔 내부 파인 정도가 차이가 있다.
- 1½OZ 잔을 사용하는 것이 espresso 1잔의 crema양을 파악하기에 적당하다.
- 추출이 끝난 후 10초후 crema의 두께가 3~4mm 형성된다.

② 색깔
- 갈색과 밤색의 중간 정도
- 신선도, roasting, 입자의 정도에 따라 색깔이 차이가 난다.

③ 거품의 입자
- 미세하게

크레마 진단법

에스프레소 위의 크레마의 상태는 추출 온도, 압력 템핑의 정도를 가늠할 수 있는 척도가 된다. 즉, 에스프레소 머신에 크레마를 풍부하게 만드는 장치가 붙어있지 않는 한 크레마의 상태로 에스프레소의 질을 평가할 수 있다는 뜻이다. 다음의 표는 크레마의 상태에 따른 증상을 판단하고, 조치하는데 도움을 줄 수 있을 것이다. 그러나 에스프레소 역시 기호식품이므로 비록 짧은 시간에 추출하고, 엷은 색상의 크레마가 나타나더라도 각자가 그 맛과 향을 좋아한다면 그것이 가장 좋은 에스프레소이다.

크레마 형상	크레마 진단법
크레마의 색상이 엷고 밝은 노란색일 경우 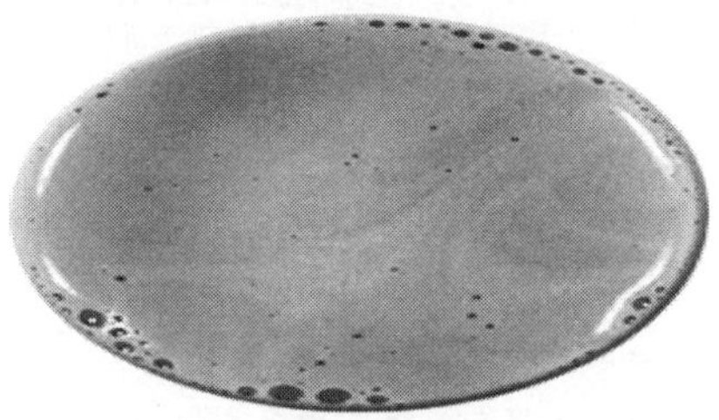	에스프레소의 추출시간이 15초 이내로 아주 짧았거나, 물의 온도가 낮은 경우 **문제점 : 과소추출(Underextraction)** **해결법 :** 원두를 좀더 곱게 갈아서 추출 시간을 늘이거나, 템핑을 좀더 강하게 한다. 그외 커피의 양을 충분하게 사용했는지와 물의 온도가 너무 낮지 않았는지를 확인한다. 홈로스터의 경우 로스팅후 48시간 정도 숙성시켜 가스를 제거한 원두를 사용했는지를 확인한다.
크레마에 밝은 색상의 점들이 있고 짙은 경우 	에스프레소 첫번째 방울이 나타나는데 10초 이상 걸리거나, 에스프레소 줄기(Stream)가 아니라 방울방울 떨어진 경우. 또는 추출에 30초 이상이 걸린 경우 **문제점 : 과다추출(Overextraction)** **해결법 :** 원두를 좀더 굵게 갈고, 템핑을 좀더 약하게 한다. 너무 많은 양의 커피를 사용하지 않았는지를 확인하다. 에스프레소 한잔에는 7~11g이 적당하다.
크레마의 색상은 좋으나 약간 엷은 부분이 있고, 표면에 크고 불안정한 거품이 있는 경우 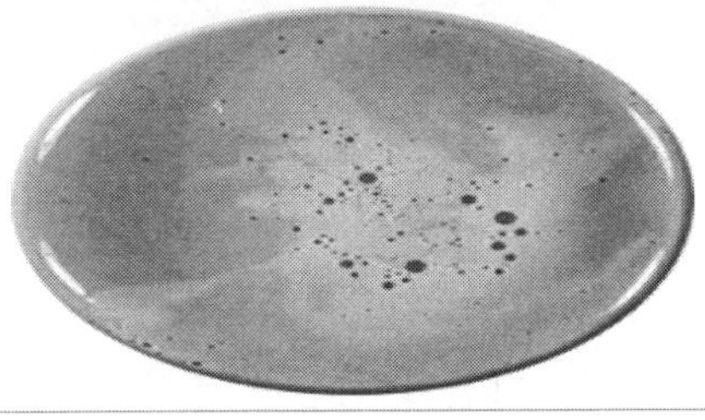	에스프레소의 추출 시간이 짧고, 원두의 배전도가 적합하지 않은 경우 **문제점 : 과다추출(Overextraction) 또는 로스팅이 너무 약하게 된 경우** **해결법 :** 원두의 배전을 좀더 강하게 한다. 원두 블렌딩시에 로부스타를 너무 많이 섞지 않았는지를 확인한다. 로부스타를 블렌딩하면 크레마는 좀더 많이 발생되지만 오래가지 않고 금방 사라진다.

<table>
<tr>
<td>크레마의 거품이 조밀하고 색상이 짙으며,
'Tiger Skin'을 나타내는 경우
</td>
<td>별다른 문제가 없는 경우

문제점 : 없음

해결법 : 잘 추출된 에스프레소의 크레마 현상이기는 하지만, 에스프레소는 기호식품이므로 어떤 사람들에게는 좀 쓰게 과다추출되었다고 생각될 수도 있다.</td>
</tr>
<tr>
<td>크레마에 큰 오일 거품이 생기고, 크레마층이 얇은 경우
</td>
<td>에스프레소 한잔(1oz)를 추출하는데 시간이 너무 오래 걸린 경우

문제점 : 과다추출된 경향 (Overextracted)

해결법 : 원두를 좀더 굵게 갈고, 템핑을 좀더 약하게 한다. 너무 많은 양의 커피를 사용하지 않았는지를 확인한다. 에스프레소 한잔에는 7~11g이 적당하다.</td>
</tr>
<tr>
<td>추출이 완료된 후 크레마에 모래알 같은 모양으로 커피 가루가 나온 경우
</td>
<td>원두를 너무 곱게 간 경우

문제점 : 미분

해결법 : 원두를 좀더 굵게 간다.</td>
</tr>
</table>

자료 : http://blog.naver.com/suok970/150004723398

(2) 추출되어지는 줄기의 모습

① 이론상

- 추출 버튼을 누른 후 3~4초정도 지난 다음, 최초의 추출물이 실처럼 가늘게 점점 굵게 설탕시럽이 흐르는 것처럼 끈끈하게 추출되어지는 모습
- 신선도에 따라 차이가 발생한다.

② 자가배전 Shop이나 roasting이 되어진 후 7일 이전의 신선한 원두의 경우

- 추출 버튼을 누른 후 5~6초 지난 다음 최초의 추출물이 방울져서 뚝뚝 떨어지는 상태가 10초 정도 이루어지면서 실처럼 가늘게 점점 굵게 끈끈하게 추출되어지는 모습

[문제 해결]

Crema의 색깔이 연하게 추출되어지는 이유 중요도

1) Roasting 자체가 연하게 되었을 경우 ①
2) 원두가 신선하지 않을 경우 ②
3) 원두의 투입량이 적을 경우 ③
4) 원두 분쇄입자가 굵었을 경우 ④
5) Tamping이 약할 경우
6) 물의 압력이 높을 경우
2) ~ 6) 추출되어지는 줄기 자체가 빨리 이루어진다.

Crema의 색깔이 검은 점이나 띠가 이루어지는 이유 중요도

1) Roasting 자체가 강하게 되었을 경우 ①
2) 원두의 투입량이 많을 경우 ②
3) 원두 분쇄입자가 미세한 경우 ③
4) Tamping이 아주 강할 경우
5) 물의 압력이 낮을 경우

최상의 espresso를 얻기 위한 조건

◇ 원두 ------------------ **재료**
◇ 원두의 투입량 ┐
◇ 원두의 분쇄입자 │
◇ Tamping │
◇ 물의 상태 │ **machine**
◇ 물의 온도 및 압력 │
◇ 추출 시간 및 추출량 │
◇ 컵의 상태 ┘
◇ 사람의 정성 ------------- **사람**

4. 최상의 Espresso를 얻기 위한 조건

4.1 원두

(1) 생두(Green Beans)

Arabica : 신맛, 부드러움
Arabica종이 100% 사용된다.
아프리카, 중남미, 고지대 재배
재배조건이 까다롭다. 병충해 발생되기 쉽다.
중간 갈라진 부분이 휘어져 있다.

Robusta : 쓴맛, 강렬한 맛(거친 맛)
동남아시아, 저지대에서 재배
재배조건이 쉽다.
중간 부분이 직선

세계 최대의 Roasting업체인 이탈리아의 Lavazza는 Arabica종과 Robusta을 7:3으로 혼합하여 사용한다. Arabica라서 무조건 좋다기 보다는 어떻게 배합하고, 노하우를 가지고 로스팅하느냐에 따라 맛이 차이가 난다.

(2) Blending

커피 블렌딩(blending)은 어떤 한 종류의 커피콩이 가지지 못한 향기와 맛의 특성을 두 종류 이상의 커피콩을 섞음으로써 만들어내는 기술이다. 따라서 각각의 단종 커피의 향미와는 다른 새로운 향미를 기대할 수 있다. 블렌딩은 다음과 같은 목적과 타당성이 있을 때 한다.

첫째, 경쟁 제품과 차별화하기 위함이다. 고유의 향미가 필요한 각각의 커피브랜드의 입장에서 해당 브랜드만의 블렌딩은 차별화를 꾀할 수 있는 좋은 방법이다. 제품의 특성이나 가격을 차별화는 것은 마케팅의 중요한 전략이기 때문이다.

둘째, 수확기나 재배 지역에 따라 변동되는 생두 품질의 불균일성을 보완하여 소비자들에게 균일한 품질의 커피를 공급하기 위함이다.

셋째, 커피 제품의 원가를 낮추기 위함이다. 생산량이 많고 싼 커피콩을 사용하면서도 제품의 품질을 유지할 수 있으므로 원가를 낮출 수 있다. 또, 커피 회사(roasters)들은 자사 블렌드의 품질을 유지하는 동시에 커피콩을 다양하게 사용할 수 있는 '대체 블렌드'를 연구해 둘 필요가 있다.

간혹 블렌드에 유명 커피콩은 소량만 사용했으면서도 이를 적극적으로 이용, '블렌드', '타입', '스타일' 등으로 표기하는 경우가 있다. 그러나 이는 소비자들 속이는 일이다. 코나 커피나 블루마운틴 블렌드가 좋은 사례다. 품질에 영향을 주지 않는 적은 양(10% 미만)이 섞여 있더라도, 포장지에 유명 커피콩의 이름이 표기되어 있으면 소비자는 이를 비싼 값에 구매하는 경향이 있다.

블렌딩의 일반 원칙

커피 블렌딩을 효과적으로 하고자 한다면 다음의 원칙을 지키기를 권한다.

첫째, 한 블렌드에는 2 또는 3 품종만 사용한다. 너무 많은 단종을 사용하는 것은 블렌딩을 복잡하게 만들 뿐이며 장점은 미미하다.

둘째, 각 단종 커피를 의미 있는 양(최소 15% 이상)만큼 사용한다. 너무 적은 양을 섞는 것은 공정의 추가적 복잡성을 생각할 때 가치가 없다.

셋째, 커피콩들이 상호 특성을 보완하도록 블렌딩한다. 모카 자바(Mocha Java)가 좋은 사례로, 예멘 모카는 상큼한 맛이 강하나 중후함이 약하며 여러 가지 꽃과 과일 향기가 있다. 반면 자바 커피는 상큼한 맛이 약하나 중후함이 강하며 열대 향신료 향기(spicy)와 흙냄새(earthy)가 있다. 이 두 종류의 커피콩을 블렌딩한 모카자바는 각각의 단종 커피콩이 가지지 못한 새로운 향기와 균형 잡힌 맛을 가지게 된 것이다.

(3) Roasting

로스팅은 일반적으로 3단계 또는 5단계로 분류한다. Medium과 Dark 중간에서 Dark 쪽에 가깝게 Roasting한다. 2000년도 초기 국내에서는 일본의 영향을 받아 Dark 쪽에 가깝게 Roasting하여 쓴맛, 단맛으로 표현하였으나, 최근에는

Medium쪽에 가깝게 Roasting한다. Medium으로 Roasting한 원두를 추출할 때 추출기술이 부족하면 신맛이 강하게 나타나는 현상이 발생한다.

(4) 보관 방법

국내에서 Roasting한 경우에는 7~15일 정도 사용할 양을 주문하는 것이 좋다. 수입원두의 경우는 1~3개월 수송기간 소요되고, 컨테이너의 온도가 70도가 넘고, 적도를 통과하므로 변질가능성이 높다.

보관은 실온에 그늘지고 서늘한 아래쪽 공간에 두는 것이 좋고, open한 상태에서는 공기를 빼고 돌돌 말아 tape를 붙이고 거꾸로 보관하는 것이 좋다. 장시간 보관시는 습기가 차므로 1회 분량만큼씩 포장해서 냉동 보관한다.

(5) 원두의 성질

생두(Green Beans)는 습기가 적고 그늘진 곳에서 2, 3년~30년까지 보관가능하다. 곰팡이가 생기지 않는다면 장기간 보관도 가능한 것이다.
하지만, Roasting하여 packing 하였을 때는 15일까지도 가능하나, 공기에 노출되었을 때는 1~2시간 지나면 변하기 시작한다. Roasting를 했을 경우에는 7일 내에 소비하는 것이 좋다. 만약 원두를 분쇄하였다면 30분 안에 소비하는 것이 좋다..
원두는 열, 습기, 공기에 노출되었을 때 산소와 결합되어 산화, 산폐현상이 나타난다. 마치 숯과 같은 성질을 가지고 있다.

수입원두와 국내에서 Roasting된 원두의 비교

수입원두의 장점으로는 질이 좋은 생두를 사용한다는 점과 Roasting knowhow가 뛰어나다는 점을 들 수 있고, 단점으로는 신선도가 떨어진다는 것이다. 이에 비해 국내에서 Roasting된 원두의 장점은 신선도가 뛰어나다는 점이다. 하지만 이는 일반적인 비교이고, 이런 조건만으로 정확하게 비교하기는 어렵다.

4.2. 원두의 투입량

key : 투입량, 추출시점

이론적으로는 1잔의 에스프레소 추출시 6~7g 투입하고, 2잔의 에스프레소 추출시 14g 투입하는 것을 권장하나, 실제로 맛이 좋다는 평가를 받는 Shop들의 경우 2잔의 에스프레소 추출시 18~19g 투입하고, 1잔의 에스프레소 추출시 9~9.5g 투입하고 있다. 이러한 투입량은 개인의 취향과 추출기술, 그 외 조건에 따라 얼마든지 달라질 수 있다.
처음 투입할 경우에는 정확한 양을 위해 저울을 사용한다.
1잔의 에스프레소를 추출할 경우에도 9g을 사용하기보다는 18~19g을 권장하는데, 이는 9g을 투입한 경우 packing 부분과 틈이 벌어져서 밖으로 샐 가능성이 있고, Crema 색상이 엷고, 줄기가 괄괄 나와 맛을 흐리기 때문이다.
만약 1잔만 필요한 경우에는 2잔을 추출하여 나머지 1잔은 test나 다른 메뉴로 활용하는 것이 좋다. 보통 원두 1kg을 기준으로 18g을 사용한다면 약 100~110잔 추출할 수 있다.

4.3. 원두의 분쇄입자

원두를 분쇄할 때 입자는 정제설탕과 밀가루 사이 정도의 굵기로 지나치게 굵게 분쇄하면 추출되는 시간이 빨라 제대로 성분을 뽑아내지 못해 밋밋하고 맛없는 에스프레소가 되고, 지나치게 곱게 분쇄하게 되면 물이 커피를 통과하는 시간이 느려 진하게 쓴 에스프레소가 된다. 참고로 Hand Drip은 입자를 굵게 분쇄하는데, 설탕보다 약간 굵게 분쇄한다.

4.4. Tamping(다져주는 작업)

Tamping이란 커피를 필터에 담아 Tamper를 사용하여 다지는 작업을 말하는데, Tamping에 따라 커피의 맛이 좌우된다. Tamping할 때 수직, 수평하게 일정한 힘으로 다져주는 것이 중요하다.

Group을 수평으로 놓아야 한다. 비수평시 눈으로는 미세한 것 같지만 실제 5mm 차이가 발생한다. 이때 50%중 30%만 추출되면서 잔맛이 포함되어 맛을 흐리게 한다.

[순서]
① tamper로 한번 강하게 누른 후
② tamper를 돌려가며 옆에 찌거기 제거한다.
③ 2번째 tamping을 한다.
④ 손으로 찌거기 제거한다.

분쇄기에 부착된 tamper는 편리한 점이 장점이고, 일반 tamper는 힘이 강하고, 세밀하게 맛을 조절하나 수평으로 다져지기 어려운 점이 있다. 최근에는 위에서 눌러주는 tamper가 달린 기계가 있으나, tamper의 모양이 수평이 아니라 둥근 모양이라 맛이 떨어진다는 평가를 받고 있다.

[문제 해결]

커피 추출이 지나치게 빠를 경우
① 분쇄를 더 가늘게 한다.
② Tamping 강도를 높인다.
③ 커피 양을 조절한다.

커피추출이 지나치게 느릴 경우
① 굵게 분쇄한다.
② Tamping을 약하게 한다.
③ 커피 양을 조절한다.

4.5. 물의 상태

커피는 99%가 물로 이루어진다. 신선하고 맑고 깨끗하고 냄새가 없고(정수) 부드러우면서(연수) 먹어서 탈이 없는 물을 사용한다.
연수는 염류 함유량이 적은 물을 말하고, 경수는 칼슘, 마그네슘 염류를 다량으로 함유된 물을 말한다. 빗물, 석회암 층에서 다량의 칼슘 성분과 금속이온이 녹아 함유된 물로 계속 사용할 경우에는 커피의 맛, 보일러, 히터 등을 상하게 한다.
경수를 연수로 바꾸기 위해서는 카본필터, 프리필터, 연수기 등을 설치하여야 한다. 우리가 먹는 수돗물을 그냥 사용할 경우 염소성분이 커피의 맛과 향을 해칠 우려가 있기 때문에 냄새를 제거하기 위해 카본필터(활성산필터)를 사용한다. 또한 이물질과 녹을 제거하기 위해 프리필터가 필요하다.
유럽의 경우 수도물에 석회질이 많이 섞여 있기 때문에 이를 제거하기 위해 연수기가 필수적이다. 연수기를 사용하면 물을 부드럽게 하여 물맛이 풍부해지고, 추출 줄기가 걸쭉하다.

4.6. 물의 온도 및 압력

(1) 온도

Espresso는 88~94℃, 기계를 94℃로 세팅해둔다. Hand Drip의 경우는 84~92℃, 90℃가 적당하다. 추출하는 사람, Roasting 정도에 따라 약간 다르다.

신맛	쓴맛	단맛	
3	2	1	온도를 낮추고
1	5	1	온도를 높이고

Roasting이 연하게 되었으면 온도를 높이고, 강하게 되었으면 온도를 낮춘다.
과거에는 Espresso 기계의 탱크가 1개였으나, 최근에는 탱크가 3개 기계를 많이 사용한다. 탱크 2개를 다르게 세팅할 수 있다.

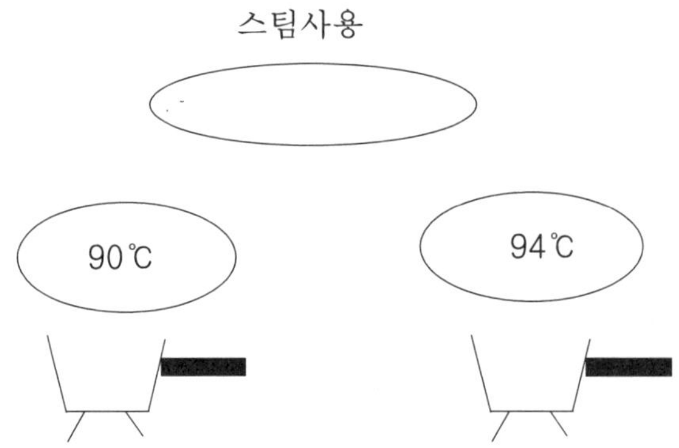

(2) 압력

8~9 bar(기압), 9 bar가 적정하다.(해수면 80m)
9 bar = 132 파운드 = 59,9 kg 약 60kg

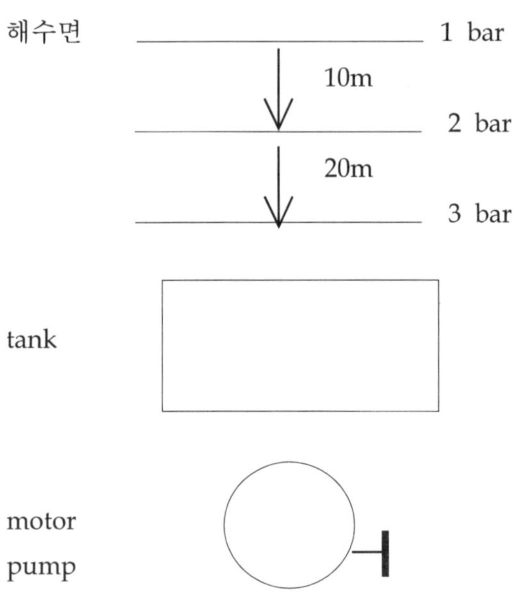

motor pump : 압력을 만들어주는 역할

나사로 압력을 조절하는데, 나사를 조이면 압력이 높아지고, 풀면 압력을 낮아진다. 이때 고무 패킹이 찢어질 수가 있으므로 조심해서 다루고, 너무 자주 조절하지 않도록 한다.

물의 온도와 압력의 조절

게이지

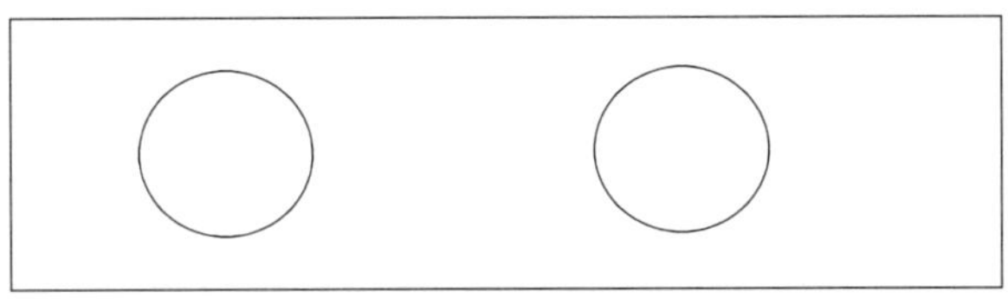

추출시 물의 압력　　　보일러 탱크 안의 물의 압력(물의 온도 파악)

펌프압력게이지	기압
평소 1~1 bar	1~1.1기압
추출시 8~9 bar	

[종류1]

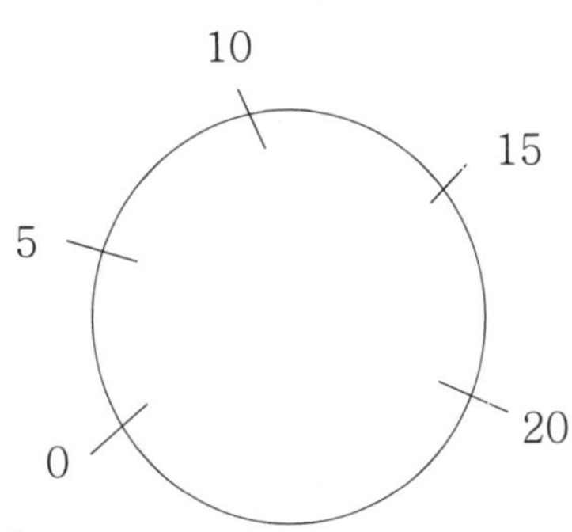

9 bar

0에서 출발하지 않고 5bar에 위치하는 기계도 있다.

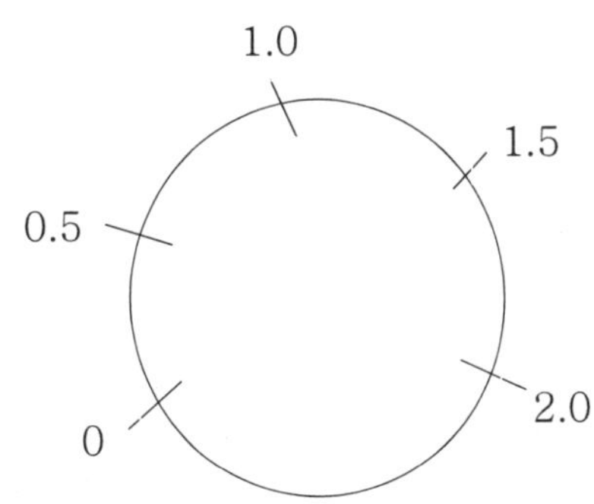

1.0~1.2 bar

많이 사용하면 수치가 떨어진다.

1.0~1.2 bar에 맞추는 시간이 10~15분 정도 걸린다.

공기를 빼준다.

[종류 2]

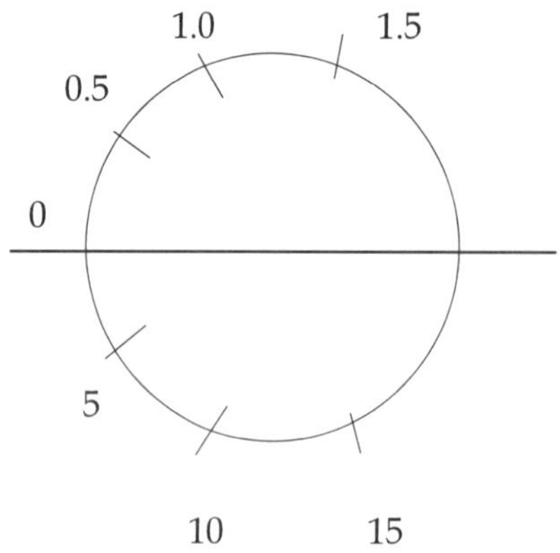

위에서 보일러 탱크 안의 물의 압력(물의 온도파악)을 나타내주고, 아래는 물의 압력을 나타내준다.

[종류 3]
보일러 탱크압력만 나타내는 게이지가 있다.

4.7. 추출시간 및 추출량

Espresso machine에 물의 투입량을 세팅하는데, 추출시간 30~40초, 추출량 20~25ml 가 좋은 맛을 나타낸다. 추출량이 세팅되면 최초의 추출 버튼을 누른 시간부터 시작하여 5~6초 지난 다음 30~40초 동안 추출된다. 30~40초는 '신선도의 차이'이다.

커피 추출량을 30ml 원할 경우는 물 투입량을 40ml로 하고, 커피 추출량을 25ml, 원할 경우는 물 투입량을 35~40ml로 한다. 기계를 사용하면서 계속 체크해가며 물의 양을 조절한다.

모카포트 사용법

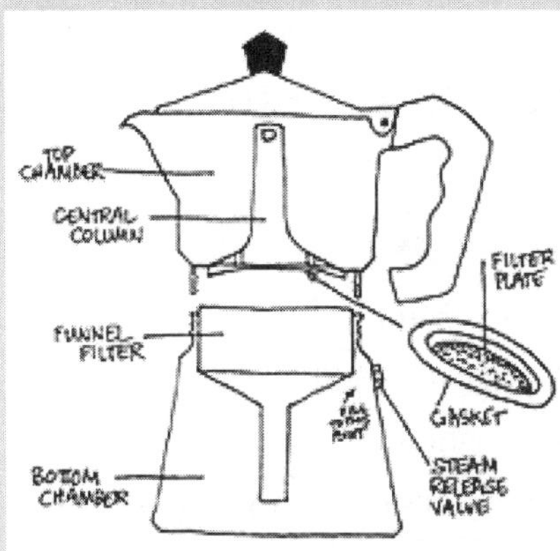

1. 물탱크에 따뜻한 물을 넣는다. 2인 기준 90ml
2. 필터에 15g(2인)을 담는데, Tamper가 없는 경우 손으로 눌려준다.
3. 포트 상단부를 돌려 잠근다.
4. 포트를 불위에 올려준다. 불은 센불로 하는데, 이때 뚜껑은 열어두고 상태를 지켜본다.
5. 커피가 추출되면 불에서 내려 잔에 따른다. 너무 오래 끓이면 타니까 주의한다.
6. 기호에 따라 물의 양을 조절한다.

기본 15g - 90ml
부드러운 맛 15g - 60ml

Cappuccino Espresso 만드는 법

1. 차가운 물을 물탱크에 넣는다. 15g - 60ml
2. 상단부에 찬우유를 넣고 포트를 잠근다.
3. 포트를 불 위에 올려준다.
4. 커피가 추출되면 불에서 내린다. 이때 거품을 줄여주기 위해서는 주전자를 돌려준다.

원두	찬물	찬우유 비율
13g	60ml	90ml

4.8. 컵의 상태

key word : 잔의 종류, 잔의 온도

(1) 어떤 메뉴를 만들었을 때 어떤 잔을 사용한 것인가를 결정한다.

메 뉴	양
Espresso	75ml
카푸치노, 모카, 비엔나	200 ~ 210ml
Latte	11 OZ = 330ml (머그 기준)
Latte 8부	8 OZ = 1 OZ ESP + 7 OZ Latte
ice 메뉴	맛은 같으나 양이 많기 때문에 Hot 음료의 2배 사용

(2) 잔의 온도

에스프레소잔은 뜨겁게 해야 한다. 기계에 warm 기능이 부착되어 있는데, 보일러 탱크로 스팀이 빠져나와서 또는 보일러 탱크위에 열선으로 인해 잔이 뜨거워진다. 보통 보관시에는 린넨으로 잔을 덮어준다. 사용할 때는 뜨거운 물로 데쳐준다.

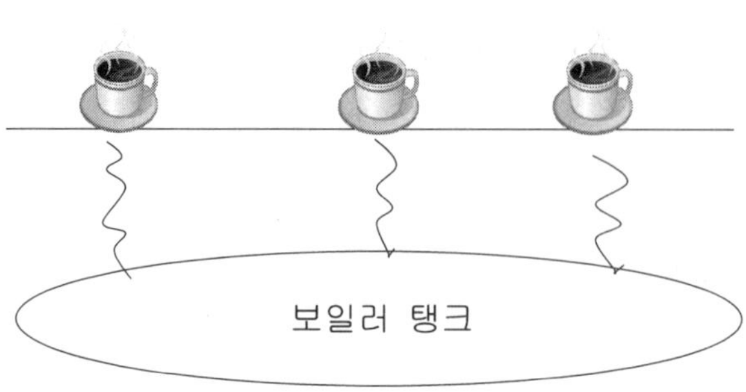

4.9. 사람의 정성

앞의 1~8번까지 잘 지켜졌을 때 바리스타의 역할이 중요하다. 추출되어지는 줄기의 모습을 처음부터 끝까지 지켜보면서, 에스프레소가 제대로 추출되고 있는지 눈으로 확인하면서 상태를 머릿속으로 기억한다.

1 ~ 9

재료 기구 사람

coffee machine Barista — 고객(손님)

server ----- Table Service

Machine Driper

1. 원두는 자가배전 shop에서 구입하여 사용한다.
   200g 정도 구입하는 것이 좋다.(Regular 20잔)
   일반 1잔 10g
   bar 17~ 18g
2. 보관은 1회 사용량 만큼 크린백에 넣어 냉동 보관한다.
3. 분쇄입자는 굵은 설탕 크기로 한다.
4. 물의 투입량은 2잔 기준으로 200ml로 한다.
5. 추출량은 130 ~ 140 ml
6. 뜨거운 물을 따로 희석해서 사용한다.
7. 포트에 한 방울 떨어지면 전원 스위치를 Off한 후, 10초 후 On해서 계속 추출한다. 뜸들이기 효과

5. 에스프레소 머신

에스프레소는 커피를 커피 담는 필터에 넣고 이 필터를 기계에 장착시킨 후, 뜨거운 물 공급 버튼을 누르면 커피 사이로 뜨거운 물이 일정한 압력으로 빠져나갈 때에 커피의 성분이 뜨거운 물에 녹는 과정이다. 뜨거운 물의 중기압 8 - 9 bar 더해 강제적으로 원두커피의 분말 사이를 빠져나가게 한다.
드립은 뜨거운 물은 원두커피의 분말의 사이를 빠져나가 필터 아래의 용기에 떨어진다. 이때에 뜨거운 물에 의해 커피분말은 팽창하게 되고, 그 사이를 물이 빠져나가면서 용해시켜 추출되는 것이다.

에스프레소 머신의 종류는 수동식과 자동식으로 분류하는데, 수동식은 단순한 on/off 기능만 할 수 있는 기계이다. 자동식은 반자동과 완전자동식으로 다시 나뉘는데, 반자동은 수동식의 기능에 프로그램을 입력할 수 있는 기능이 추가된 것이고, 완전 자동식은 반자동의 기능에 그라인드 기능까지 추가되어 원터치로 추출되는 기계이다.

5.1. 에스프레소 머신의 구성요소와 작동원리

현재의 에스프레소 머신의 대략적인 구성 요소는 다음과 같다.

(1) 보일러(Boiler)

(2) 펌프(Procon pump)

(3) 스팀압력조절기(Pressure switch)

(4) 그룹헤드(Group head)

(5) 필터홀더(Filter holder)

(6) 기타(게이지, 안전밸브, 컴퓨터 콘트롤러 등)

(1) 보일러

현재 쓰이고 있는 커피머신의 보일러는 주로 동으로 제조된 보일러가 채택되고 있다. 가끔은 스테인레스 재질의 보일러도 쓰이고 있지만 열효율과 기타의 편리성을 위하여 동제품이 많이 쓰인다.
유럽 등지에서는 지금도 가스를 이용하여 보일러를 가열하는 방식도 쓰이고 있지만, 우리나라에서는 거의 전기히터에 의하여 가열하는 방식이 주종이다. 보일러의 용량은 클수록 유리한데, 이는 스팀압력의 적정압력을 유지하는데 많은 도움이 되는 동시에 커피온도의 적정온도를 유지시키는데도 기여하기 때문이다.
보일러 내부는 보통 열교한 방식인 이중구조 보일러가 대부분이며 한 개의 보일러는 커피 추출용으로, 다른 한 개의 보일러는 스팀 및 온수 공급용으로 설계되어 있다. 보일러 내부의 끓는 온도는 90~95도이며, 스팀압력은 대개 1bar로 설정된다.

(2) 펌프(Procon pump)

펌프는 보일러에 물을 공급시켜주는 동시에 물리적인 방식의 압력을 발생시켜 커피를 추출할 수 있도록 해주는 역할을 한다. 이와 함께 커피를 추출할 때 발생하는 압력(주로8~10기압)을 지속적으로 유지시켜 주는 중요한 역할도 하는데, 각 회사의 원재료 커피는 이 압력에 따라 맛이 변할 수 있다. 물론 커피 추출속도와도 무관하지 않다. 때에 따라서는 펌프압력계를 확인하여 적절히 조절할 필요가 있다. 펌프 내부는 꽤 복잡한 매카니즘을 형성하고 있기 때문에 급수에서 이물질이 유입되지 않도록 주의해야한다.

(3) 스팀압력 조절기

스팀압력 조절기는 보일러 내부의 물을 끓여 발생된 압력을 원하는 유표압력으로 유지시켜주는 기능을 수행한다. 보일러에서 얻어진 압력이 파이프를 통하여 이장치의 감지판에 전달되어 정해진 압력이 되면 (off)되며 반대로 압력이 떨어지면 (on)되는 일을 반복하여 적정압력을 유지시켜준다.

(4) 그룹헤드

그룹헤드는 우리가 필터헤드를 결합시키는 부분을 말하며, 그 구조는 각 메이커별로 설계 노하우를 갖고 있다. 그룹헤드를 어떻게 설계하느냐에 따라 커피가 고르게 용해되는 정도와 커피에 미치는 (water speed)의 영향이 달라질 수 있다.
헤드는 외부 실온의 영향을 받지 않도록 직접 히터가 삽입되어 있는 방식과 보일러에 밀착되어 온도를 유지해주는 방식이 있다. 가루 상태의 커피가 직접 접축되는 곳이어서 커피 찌꺼기들이 엉겨붙지 않도록 청결상태 유지가 절대 필요한 부분이다. 대부분의 머신은 일자(-)형 스크류 드라이버를 이용하여 나사를 풀면 원(o)형의 필터가 분리되도록 설계되어 있다.
이 필터가 오염되어 있으면 양질의 에스프레소를 얻기가 힘들어지므로 수시로 청소해주어야 한다. 아무리 성능이 뛰어난 머신이라 할지라도 이 필터를 주기적(횟수가 잦을수록 좋음)으로 관리하여 주지 않으면 그 가치가 살아나지 않는다. 그룹헤드 내부의 패킹이 경화되거나 마모되었을 때도 교환(약 1년 주기)해 줌으로써 최상의 컨디션을 유지해야 한다.

(5) 필터홀더

그라인딩된 커피를 담아 그룹헤드에 장착시키는 손잡이가 달린 홀더를 말하며, 주로 1잔이나 2잔의 커피를 추출할 수 있는 구조로 되어 있다. 각 잔별로 내부의 필터바스켓 용량이 다르며, 1잔용은 약 6.5~7그램, 2잔용은 약 13~14그램으로 되어 있다.
필터홀더 역시 청결상태 유지가 중요하며 그룹헤드보다는 비교적 청소가 용이하므로 다루기가 쉽다.
그러나 이 홀더를 따로 보관하게 되면 낮은 온도의 커피가 추출될 수 있으므로 커피를 추출한 다음에는 커피를 찌꺼기통(knock box)에 털어 낸 후 물에 헹구어 필터홀더가 비어져 잇는 상태로 그룹헤드에 장착해 놓는 것이 좋다.(그룹헤드의 온도가 전달되어 같은 온도를 유지)

(6) 기타

머신은 여러 가지 부분품들로 구성되어 있으므로 한 가지의 부품이라도 제 기능을 발휘하지 못하면 가동이 힘들어진다. 특히 커피머신은 기타 사항이라도 그냥 지나칠 것이 없는 만큼 잘 숙지해둘 필요가 있다.

1) 보일러 안전밸브
보일러가 계속 끓기만 한다면 결국은 압력이 오버되어 위험한 상황이 될 수 있다. 보일러 안전밸브는 만의 하나 신호계통이 이상이 발생하여 오버압력 상황이 발생할 경우 압력을 배출(보통 1.5bar이상)시켜주는 역할을 하게 된다.

2) 압력게이지
압력게이지는 보통 두 가지의 압력을 나타내게 된다. 하나는 수압과 펌프의 압력(펌프 가동시의 압력은 대략 7~10기압)을 나타내는 것이고, 다른 하나는 보일러 압력(보통 1bar)을 표시하는 것이다. 이 압력게이지를 통해 보일러의 압력이 높고 낮음을 모니터하는 것은 매우 중요하다. 특히 과압력이 발생하여 보일러 안전밸브가 열리는 것을 계기상으로 알 수 있게 해주므로 평소에 주의해 볼 필요가 있다.

3) 플로우 센서(Turvin flow sensor)
물의 양을 지정된 양으로 감지하는 센서이며 이상 발생시 커피 물량의 조절이 안된다.(수동방식은 본 기능이 없다.)

4) 컴퓨터 콘트롤러(computer controllor)
머신 각 기능의 신호를 주고받아 컨트롤하는 기능을 하며 이상 발생시 머신의 각 분야들이 제 기능을 발휘하기 힘들다. 자연상태에서는 문제가 별로 없으나 기능이 고장나는 경우는 크게 2가지의 원인이 있을 수 있다. 먼저 외부적인 요인으로 전기적인 요소(전압이 높거나 낮음)에 따른 영향이 있을 수 있으며, 내부적으로는 보일러에서 스팀이 새면서 습기로 인한 이상이 발견될 수 있다. 심지어는 쥐가 머신 안으로 침입(특히 겨울철)하여 어처구니 없는 낭패를 겪는 경우도 있어 요즘은 이를 방지하는 목적으로 디자인된 기계들도 선보이고 있다.

5.2. 분쇄기 사용법

(1) Hopper

호퍼는 원두가 담기는 부분을 말하는데, 호퍼에 원두를 담아두는 양은 곧 "신선도"와 직결된다. 최소분량(1시간안에 소비할 수 있는 양)을 담아둔다. 특히 machine 옆에 있기 때문에 열에 영향을 많이 받는다. 호퍼의 종류로는 반자동 Hopper와 자동 Hopper가 있는데, 자동호퍼가 간편하나 열에 더 노출된다.

(2) Dispenser

분쇄되어진 원두가 담겨지는 부분

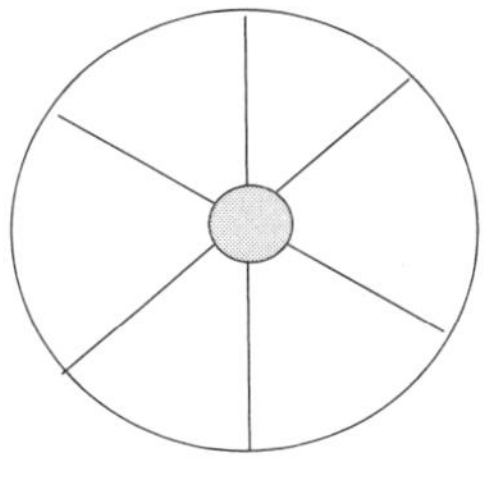

(위) 6칸으로 나누어진 모습

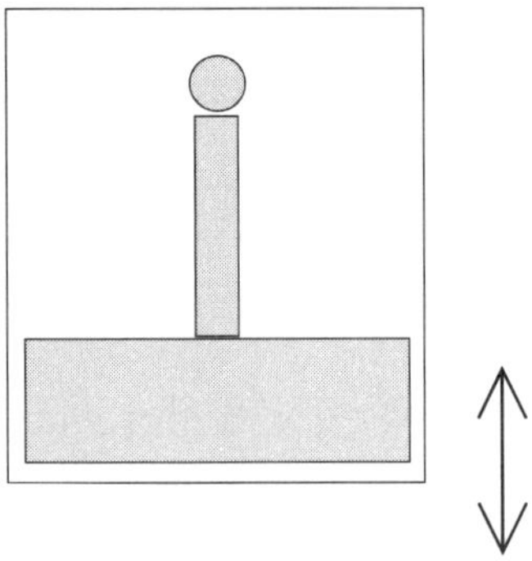

(옆) 위아래로 움직여 양 조절

원두는 추출하고자 하는 양 만큼만 분쇄한다. lever를 당겨서 6칸이 한 칸씩 채워져가는데, 한 칸에 채워지는 분량은 4~5g 정도로 원하는 양만큼 조절할 수 있다.

판위에 약간 올라올 정도로만 분쇄해둔다.(주문양이 많은 경우에 한해서) 보통 setting을 하여도 정확한 양이 나오지 않는다. 4번 이상(6~7번) lever를 당겨주어야 한다. lever는 끝까지 당겨주고, 손동작으로 소리를 조정할 수 있다. dispenser에 소량이라도 채워져야 골고루 분쇄가 된다.

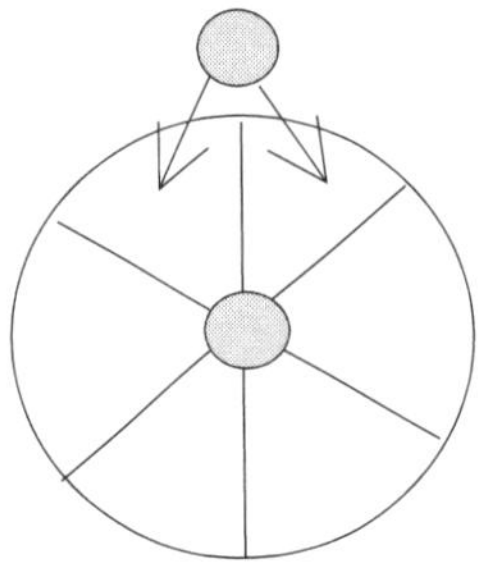

분쇄한 원두가 dispenser에 담겨지는 모습

(3) dispenser를 이용하여 group 내부에 원두를 넣는 방법

[방법 1]

① group의 위치를 왼쪽 앞쪽으로 빼준다.
② 많이 채웠을 경우는 수직으로 떨어지나, 적게 채웠을 경우는 왼쪽, 앞쪽으로 떨어진다.
③ 오른쪽으로 밀어줄 때 눌리면 안된다. 두 번째 손가락으로 살짝 밀어준다. 최대 3번 만에 채워져야 한다.

[Tip] 4잔을 주문할 경우
① 1번째 group에 2잔 분량을 분쇄하여 Tamping까지 한 후 부착해 둔다.
② 2번째 group에 분쇄하여 Tamping을 한 후 1번째 group과 함께 추출하기 시작한다. 한 쪽이 먼저 추출이 이루어지면 맛이 떨어진다.

[방법 2]

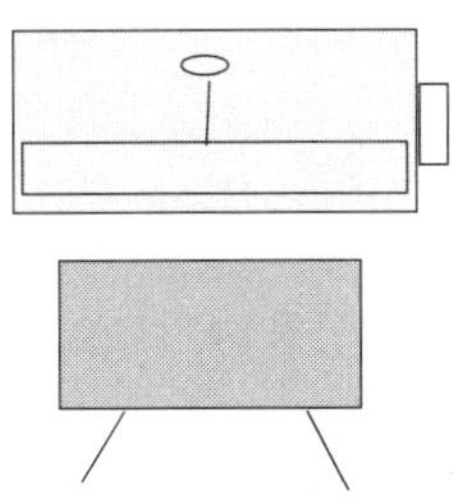

① 분쇄 전원 switch를 켜서 적당한 양을 분쇄한다. 15초 동안
② group을 왼손으로 잡고 삼각형구조를 이루어 왼쪽에서 오른쪽 방향으로 돌려간다. 다시 오른쪽에서 왼쪽 방향으로 돌아간다.

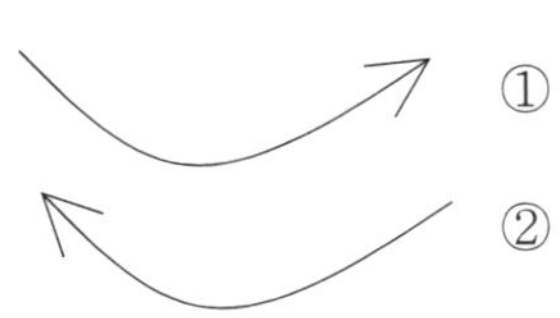

③ 이때 고개는 왼쪽으로 약간 숙여 group에 떨어지는 상태를 지켜본다.
④ group에 떨어진 원두를 두 번째 손가락으로 삼각형방향에서 살짝 밀어준다.

5.3. Tamping

group을 잡은 왼손과 Tamper를 잡은 오른손, 그리고 몸이 삼각형을 이루는 자세를 잡는다.

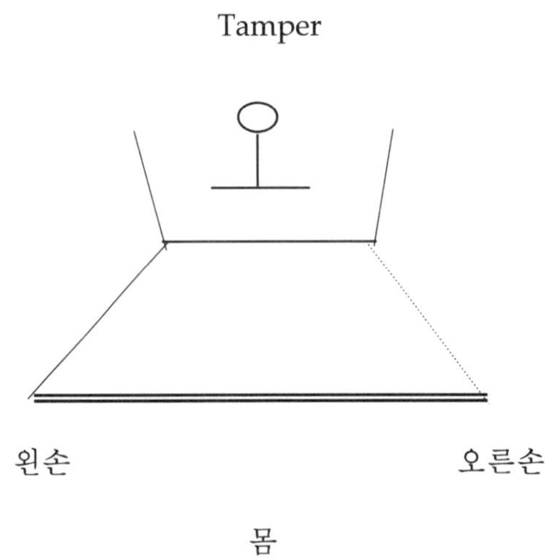

dispenser 입자 굵기를 조절한 후는 분쇄된 원두를 바로 사용하지 않고 조금 빼내고 원두를 사용한다.
특히, 입자조절과 Tamping이 중요한 요인이 된다. Tamping이 약하면 입자를 미세하게 조절하는데, 항상 상황을 고려해서 입자를 조절하여야 한다.
추출줄기를 보고 입자를 조절한다. 줄기가 빠르면 미세하게 조절하고, 천천히 추출되면 굵게 조절한다. 날씨가 습도가 높아지면 미세하게 조절하고, 건조하면 입자를 굵게 조절한다.

[에스프레소 동작연결 Technical Aspect]

1. 포르타필터를 그룹 헤드로부터 돌려서 뺀다.
2. 마른 행주로 필터 바스킷의 물기를 닦아낸다.(물 길 방지)

<포르타필터에 커피분말 담기>

3. 포르타필터에 커피 분말을 떨어뜨린다.

4. 포르타필터의 구석구석까지 커피 분말을 채운다. 약간 소복이 담는다.

   1잔 : 8.5~9g

   2잔 : 17~18g(더블용 필터 사용)

5. 탬퍼의 뒷면을 이용하여 포르타필터 헤드의 주위를 톡톡 두드려 커피를 골고루 편다.
6. 포르타필터를 전용 고무판이나 고정기구 위에 수평으로 놓는다. 분말 위에 탬퍼를 올려놓은 후 팔꿈치가 도구 바로 위에 올 수 있도록 바닥과 수직이 되게 하여 강하게 누른다. 이렇게 해야 힘이 수직으로 전달되어 분말 전체에 힘이 골고루 가해진다. 20kg
7. 힘을 주면서 탬퍼를 180℃ 정도 돌린 후 바로 위에 올린다. 이렇게 비틀어 누르면 분말 속의 공기가 빠져 나가 표면이 평평해진다.
8. 탬퍼로 누르지 못한 필터의 안쪽 측면에 분말이 남아 있다.
9. 탬퍼의 끝부분으로 포르타필터의 바깥쪽 측면을 가볍게 두드려 필터 안쪽 측면에 남아 있던 분말을 안쪽으로 떨어뜨린다. 이때 너무 강하게 털면 다진 분말까지 흐트러지므로 주의한다.
10. 다시 6과 같은 방법으로 강하게 누른다. 10kg
11. 탬퍼를 위로 똑바로 들어올리면 충전이 끝난다. 분말이 필터 높이의 3mm 정도만 남긴 위치까지 오도록 다져져 있어야 한다.

<포르타필터 헤드에 끼우기>

12. 포르타필터를 끼우기 전 추출수의 온도 보정을 위하여 20～30ml의 물을 흘린다. 2~3초
13. 포르타필터를 그룹헤드에 돌려 주어 움직이지 않도록 고정한다.
14. 잔을 추출구 밑에 놓고 샷을 추출한다.
15. 20~30초 정도 샷을 끊어주며 그 시점은 추출액의 색깔이 옅은 색으로 변할 때이다.
16. 서빙한다.

<청소>

17. 포르타필터를 뒤집어서 사용한 커피분말을 털어낸 후, 그룹의 뜨거운 물로 헹군다.(그룹헤드도 이때 청소가 된다.)
18. 포르타필터의 물기를 최대한 빼낸 후, 포르타필터를 그룹 헤드에 돌려 끼운다.

* 1번 동작 전에 잔을 데우기 위해 핫워터 노즐의 뜨거운 물을 잔에 받는다.

에스프레소 추출

기압	8~9 기압	
온도	88~92 ℃	
커피분말의 양	17~18g (한 잔당 8.5 ~ 9 g)	
추출시간	20~30초	커피분말의 양, 충전할 때의 힘 조절, 메시(커피분말입자의 크기) 차이발생
추출량	20~30ml (25ml)	
잔의 크기	70ml	

<table>
<tr><td>솔로</td><td>20~30ml (25ml)</td><td rowspan="3">공통점 : 추출시간, 온도, 원두의 양
차이점 ; 추출량, 메시
리: 메시 작게
룽: 메시 크게</td></tr>
<tr><td>리스트레토</td><td>15~20ml (17ml)</td></tr>
<tr><td>룽고</td><td>40~50ml (45ml)</td></tr>
</table>

이탈리아 정통 커피 메뉴 ´에스프레소(Espresso)´

이탈리아 커피는 왜 맛있을까. 우선 이탈리아가 에스프레소를 만들어낸 나라라는 점을 꼽을 수 있다.

에스프레소를 뽑는데 필요한 ´에스프레소 머신´은 1948년 이탈리아 아킬레 가지아(Gaggia)가 개발했다. 테이크아웃 커피점 카운터 뒤, 증기가 ´치익´ 소리를 내며 뿜어 나오는 ´ㄱ´자 노즐이 달린 반짝거리는 알루미늄 기계다.

드립식 등 다른 방식은 물에 녹는 수용성 성분만을 커피에서 우려내지만, 에스프레소는 중력의 8~10배의 압력을 가한 강력한 증기로 비수용성 성분까지 추출한다. 에스프레소의 맛과 향이 강한 이유다. 때문에 일부 커피 애호가들은 에스프레소 맛이 인위적이라고 비난하기도 한다.

에스프레소의 탄생지 이탈리아. 이곳 사람들은 에스프레소 맛이 어때야 하는지 안다. 전주 사람들이 비빔밥이란 어때야 하는지 꿰차고 있는 것과 마찬가지다. 맛을 아는 손님들을 상대해야 하는 만큼 커피를 뽑는 바리스타(Barista)들이 에스프레소 머신을 다루는 기술과 커피 뽑는 기술은 탁월하다. 뛰어난 바리스타는 스타로 추앙받기도 한다.

커피 성분이 커피의 정신이라면, 물은 커피의 몸에 해당한다. 그런데 이탈리아 물이 에스프레소 끓이기에 이상적이라고 한다. 특히 이탈리아 남부 나폴리가 그렇다는데, 인근 베수비오 화산 암반을 거치면서 적당한 양의 칼슘이 물에 녹아 들기 때문이라고 한다. 이에대해 피렌체의 한 카페 바리스타는 '나폴리의 형편없이 오래된 상수도관 어디에선가 녹물이 섞여 들었기 때문일 것' 이라고 비아냥대기도 했다.

이탈리아에서는 카푸치노나 라떼를 마시는 사람은 관광객 외에는 보기 힘들다. 에스프레소와 우유를 1:2 비율로 섞는 카푸치노나 2:8로 섞는 라테는 오전 10시 이전, 아침에만 마시는 커피라고 한다. 특히 저녁식사 후에는 에스프레소만 마신다. 그러나 이탈리아와 한국의 음식이 다르므로 이런 관습을 무조건 따를 필요는 없겠다.

커 피

EduContents
Book&Brain

김복동 著

IV. 우유거품내기

Cappuccino, 카페모카, 마끼아또를 위한 스팀 밀크 만들기

1. 최상의 **Espresso**를 추출하는 것
2. 우유거품의 입자
3. 우유와 우유거품의 비율 **1:1**
4. 우유의 상태
5. 잔에 따르는 방법
6. 우유 거품을 내는 방법

Cappuccino를 맛있게 만드는 방법

<u>key word : 거품, 잔에 따르는 것</u>

1. 최상의 Espresso를 추출하는 것

2. 우유거품의 입자

- 미세하게 거품을 낸다.
- 거품은 미세할수록 좋다.

3. 우유와 우유거품의 비율 <u>1 : 1</u>

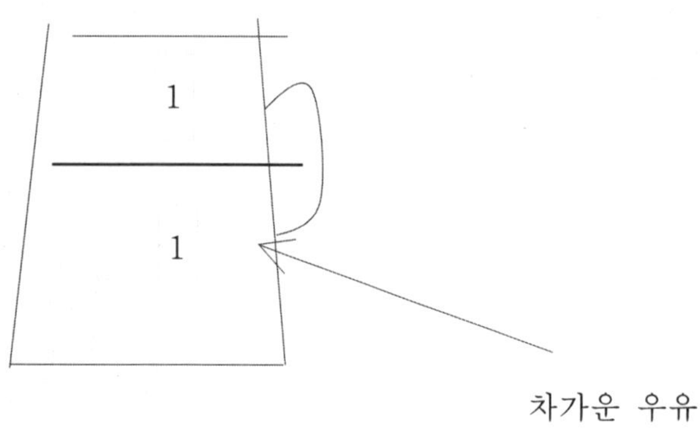

차가운 우유 <u>반</u> : 거품 <u>반</u>

스팀밀크(30~45ml)와 우유 거품의 비율 **<u>1 : 1</u>**

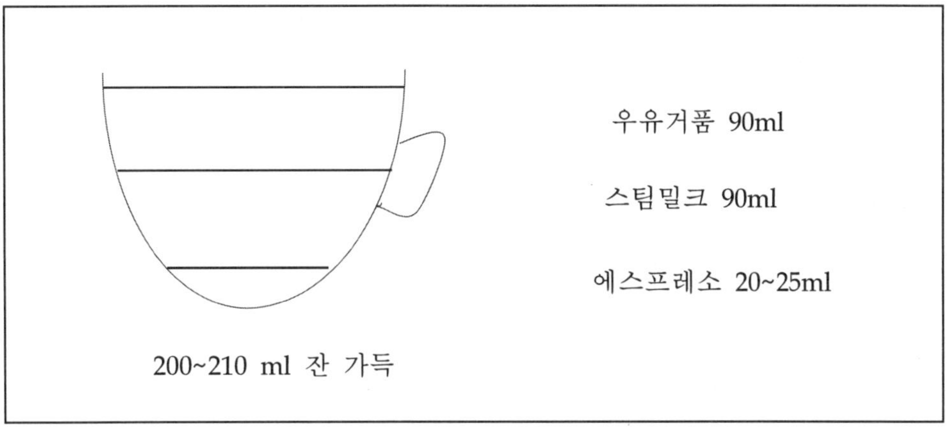

① 에스프레소를 추출한다.

② 우유 8 OZ를 스팀화한다.

③ 잔에 에스프레소를 따르고, 스팀밀크, 우유거품을 따른다. 필요한 경우 설탕을 넣는다.

4. 우유의 상태

(1) 어떤 우유를 사용해야 하는가?

신선하고 고지방우유를 사용한다. 고지방우유가 저지방우유보다 고소하고 풍부한 맛을 가지기 때문이다.

(2) 우유의 온도

5℃ 우유를 사용한다. 냉장 보관된 차가운 우유를 사용하는데 차가울수록 좋다. 이유는 온도가 올라가는 시간이 길어 거품 조절시간이 길기 때문이다.

스팀밀크의 온도는 60~65℃가 적당한데, 65℃에 가깝게 한다. 이때 65℃가 넘어가면 우유의 맛이 비리고 느끼한 맛이 난다.

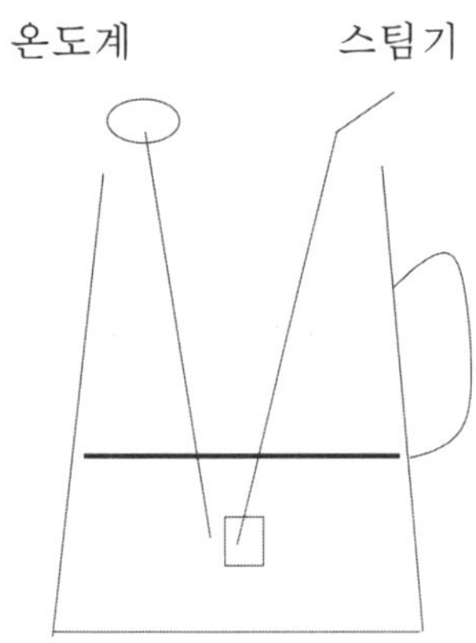

온도계를 꼽고 스팀기를 사용한다.

(3) 온도계의 종류

① Digital 온도계

②

5. 잔에 따르는 방법

잔에 따르는 데는 timing이 중요하다. 최대한 빠른 시간에 잔에 따라 주는데, 기울기는 새끼손가락 굵기 정도로 따라준다. 이때 너무 가늘게 따라주면 우유가 거품보다 많이 들어가고, 반대로 너무 굵게 따라주면 거품이 우유보다 많이 들어가게 된다.

<u>잔을 따르는 방법</u>

☐ 1잔을 따르는 방법
☐ 2~3잔을 따르는 방법 : 계단식으로 따라준다.

2잔 : ①번 잔 1/2 → ②번 잔 1 → ①번 잔 → 1/2
3잔 : ①번 잔 1/2 → ②번 잔 2/3 → ③번 잔 1 → ①번 잔 → 1/2 → ②번 잔 1/3

6. 우유 거품을 내는 방법

(1) 2~3인용인 20 OZ(600ml)의 jug(jar)를 준비한다.

(2) 피처(jug, jar)에 5℃ 정도의 차가운 우유 200ml를 넣는다. 우유의 양은 피처의 1/3~1/2 정도가 되게 한다.

(3) 스팀을 하기 전에 미리 증기를 만들어 스팀관 전체를 데우고 관 속에 맺혀 있는 물을 빼낸다. 이때 밖으로 나오는 수증기에 화상을 입지 않도록 스팀관의 각도를 잘 보고 주의하도록 한다.

(4) 우유 표면에 스팀노즐 부분의 절반 정도가 잠긴 상태에서 스팀기를 on한다. 이때 우유가 표면부분과 일치되면 옆으로 튀게 된다.

(5) 처음에는 '큘큘큘-' 소리가 난다. 피처를 양손으로 잡고 손바닥으로 온도를 감지하면서 한다.

(6) 곧바로 노즐의 증기구멍이 우유 밖으로 나오게 피처를 밑으로 내려 공기를 한꺼번에 받아들이면서 거품을 만든다. '치치치-' 소리를 들어가면 jug를 1cm 정도 천천히 내려줘서 거품을 더 많이 생기게 한다. 이때 온도가 30℃가 넘지 않게 한다.

(7) 거품이 1/2 정도 생기면 더 이상 거품이 생기지 않게 노즐을 우유 속 깊숙이 집어넣고 피처 전체를 돌리며 휘저어 섞어 거품 입자를 아주 작게 만든다.

우유가 요동치게 해줘야 한다. 이것은 스팀밀크와 거품이 혼합되는 역할을 한다.

(8) 이때 '슈-'하는 아주 작은 소리가 난다. 65℃ 이하의 자신이 원하는 온도가 되고, 전체적인 양이 되었을 때 바로 스위치를 끄고 증기가 완전히 멈추면 우유에서 노즐을 뺀다. 이 온도는 손에 따끔할 정도의 느낌이다.

(9) 스팀 과정이 끝나면 바로 스팀 관을 청소한다. 노즐이나 스팀관에 묻은 우유를 젖은 행주로 깨끗이 닦은 후, 두꺼운 행주로 싸고 증기를 내어 안에 남아 있는 우유를 완전히 제거한다. 청소는 반드시 스팀 직후에 한다.

(10) 피처의 바닥을 조리대에 두세 번 탁탁 가볍게 내리쳐 큰 거품을 없앤다.

우유의 종류

스팀밀크	거품과 액체를 섞은 것 피처를 흔들어 속에 있는 우유를 돌려 가며 거품과 액체를 잘 섞은 후 따른다.
핫밀크	액체 피처의 주둥이에 스푼을 대어 거품을 잘 막고 액체만을 따른다.
폼드밀크	거품 스팀 후 거품이 완전히 위로 뜰 때까지 수십 초간 기다린 후 스푼으로 거품을 떠낸다.

	거품 비율	**우유 비율**
카푸치노	1	1
라테	1	4

커피인을 위한 우유 상식

1685년 프랑스의 의사 아비센나에 의해서 의료용으로 카페오레가 최초로 제조된 이래 우유는 기호식품인 커피가 가지고 있지 못한 영양 기능을 보완할 수 있는 식품 재료로서 커피에 폭넓게 이용되고 있다. 최근 에스프레소 머신의 폭발적인 보급으로 카페라테와 카푸치노로 대표되는 에스프레소 응용 커피는 커피업계에서 뿐만 아니라 전문 유업체에서 유음료의 한 제품으로서 인기 있는 제품으로 소비자들에게 친숙히 다가가 있다. 우유에 대한 일반적인 상식에 대해 알아보자.

□ 우유란?

우유는 소가 새끼를 출산함과 동시에 송아지의 영양을 위하여 유선에서 합성하여 분비되는 백색의 불투명한 분비물이다. 우유는 송아지의 건강 및 발육에 필요한 성분을 충분히 함유하고 있다. 즉, 우유에 함유되어 있는 주요 성분으로는 수분, 단백질, 지질, 당질, 무기질이며 그 밖에 효소 및 미량 성분을 들 수 있다.

□ 우유의 식품 영양학적 가치

우유의 영양학적 가치는 우리가 필요로 하는 영양소의 종류, 양, 이용효율면에서 볼 때 인류에게 가장 완전한 식품이라고 알려져 있다. 우유가 완전한 식품이라는 말은 우리의 생명활동을 얻기 위해 필요로 하는 모든 영양소를 가장 골고루 많이 가지고 있으며, 이들 영양소의 흡수 이용률이 높다는 말이다.

□ 우유를 마시면 왜 속이 거북할까?

우유 중에는 탄수화물의 일종인 유당이 4.5% 정도 함유되어 있다. 우리가 우유를 섭취하면 유당은 소장 점막 상피세포의 외측막에 존재하는 락테아제라는 효소에 의하여 갈락토오스와 포도당으로 분해되어 흡수된다.

□ 우유는 왜 희게 보일까?

우유에는 단백질의 일종인 케이신이 우유 중에 둥근 공모양으로 골고루 분산되어 있고 그 개수는 우유 1ml 중에 천조 개 정도, 유지방은 지방구의 형태로 150억 개 정도 함유되어 있다. 우유에 함유되어 있는 케이신과 지방구가 빛을 난반사시킴으로써 희고, 불투명하게 보인다.

□ 우유는 왜 달지 않을까?

우유에 함유되어 있는 감미물질은 유당이며 약 4.5% 정도 함유되어 있다. 이 양은 우유 중에 함유되어 있는 전 고형물의 약 40%에 해당하는 막대한 양이다. 그럼에도 불구하고 우유를 마셔도 달다고 느끼지 못하는 것은 유당이 설탕의 약 1/6 정도의 감미도 밖에 갖고 있지 못하기 때문이다. 우유가 송아지의 식량으로서, 모유가 유아의 식량으로서 이용되는 식품이라는 것을 생각해 보면 유당의 감미도가 높지 않아야 된다는 합목적성에 적절한 식품이라는 것을 알 수 있다.

□ 우유를 가열하면 어떤 현상이 일어날까?

우유를 가열하면 표면에 얇은 피막이 형성된다. 공기와 우유의 계면에 주로 락토글로불린을 주성분으로 한 단백질의 불가역적인 응고가 생성하기 때문에 이와 같은 현상이 발생한다.

□ 커피 크림의 우모현상

유지방을 16~22% 함유한 크림을 테이블 크림이라 하며 이것을 보통 커피 크림이라 한다. 커피나 기타 뜨거운 음료수에 크림을 첨가하면 액체 표면에 작은 형태의 털 조각이 떠다니는 듯한 응고된 현상이 종종 일어나는데 이를 우모현상(feathering of cream)이라고 한다. 날씬한 우유, 뼈로 가는 우유, 과즙이 씹히는 우유 등 흰 우유는 성분을 보강하거나 과한 성분을 빼거나 이색재료를 첨가하는 등으로 무한변신을 추구한다. 시중에 남아있는 우유의 종류들을 살펴보았다.

자료 : 월간 COFFEE. 2007년 9월호

우유의 변신

□ 제조과정

우유가 만들어지는 과정은 '수유', 즉 농가로부터 착유된 원유를 탱크수송자로부터 받아 원유의 품질을 조사하고 계량하여 시유의 원료로 저장하기까지의 작업을 거쳐 원유에 있는 이물질을 제거하는 '청정', 유지방구를 기계적으로 일정한 크기로 균일하게 미세화하여 분산시키는 작업인 '균질' 과정을 통해 체내 지방의 소화흡수율을 높이게 된다. 후에 원유를 열처리하여 미생물을 살균하여 식품의 안전성을 높이는 작업을 거쳐 충진기를 이용해 종이팩에 담는 '충진', '포장' 과정을 거쳐 냉장 보관돼 유통된다.

□ 우유의 종류

유가공품(보통 우유 등)이라 함은 원유(살균하지 않은 우유)또는 유가공품을 주원료로 하여 제조, 가공한 우유류, 저지방우유류, 유당분해우유, 가공유류, 산양유, 발효유류, 버터우유, 농축유류, 유크림류, 버터류, 자연치즈, 가공치즈, 분유류, 유청류(치즈를 만들고 남은), 유당, 유단백가수분해 식품 등의 제품을 말한다.

1. 우유류 (유지방분3,5%, 무지유고형분8% 이상)
1) 우유-원유를 그대로 살균 또는 멸균 처리한 것
2) 강화우유-원유에 비타민이나 무기질을 강화하여 살균 또는 멸균처리한 것
3) 환원유-원유성분과 유사하게 환원한 것
2. 저지방 우유류(유지방 2.0이하, 무지유고형분 8%이상)
1) 저지방 우유-원유의 유지방분을 2% 이하로 조정한 것
2) 환원저지방우유-유가공품으로 저지방 우유와 유사하게 환원한 것
3) 강화저지방우유-저지방우유에 비타민 또는 무기질을 강화한 것

□ 기능성 우유의 종류

흰 우유-1, 일반 시유 / 2, 기능성 우유

1) 일반시유: 무조정 우유, 유업체별로 각각 생산되는 우유 예) 최첨단 무균화 공정인 ESL시스템으로 생산하는 매일유업 '매일유업ESL', 우유 맛을 좋게 가공 처리한 남양유업 '맛있는 우유 GT'
2) 기능성 우유: 흰우유에 각종 미네랄, 비타민, 기능성 소재 및 성분 등을 첨가 또는 강화한 우유를 말한다. 음용우유 부분에서 기능의 차별화로 다음과 같이 분류할 수 있다.
① 두뇌발달 우유 : DHA함유 우유 예)남양유업 '아인슈타인'
② 저칼로리 다이어트 우유 : 저지방, 피부미용 및 체지방 분해 물질 첨가
예) 매일유업 '저지방우유ESL', 파스퇴르유업 '팻프리', 해태유업 '저지방 우유'
③ 강화우유 : 칼슘, 철분 등 미네랄과 비타민을 강화한 우유

V. Menu

- Caffe Macchiato
- Caffe Con Panna
- Caffe Latte
- Caffe Mocha
- Caffe Vienna
- Caffe Mochaccino
- Hot Chocolate
- Iced Chocolate
- Iced Coffee
- Ice Espresso
- Ice Macchiato
- Ice Latte
- Ice Cappuccino
- Ice Mocha
- Ice Vienna
- Ice Mochaccino
- Espresso Prappuccino
- Caramel Prappuccino
- Mocha Prappuccino
- Green Tea Prappuccino
- Fresh Fruit Juice
- Dutch Coffee
- Syphon Coffee

Caffe Macchiato

에스프레소에 같은 양의 스팀밀크를 넣은 것이다. 'Macchiato'는 이탈리아어로 '물들다' 또는 '얼룩지다'라는 뜻으로 다갈색 에스프레소에 스팀밀크로 흰 얼룩을 만든 것이다.

■ 재료 2잔

잔크기 2.5OZ=75ml

에스프레소 25ml

steam milk 10ml

거품 10ml

■ 만드는 법

1. 잔에 에스프레소를 추출한다.
2. 그 위에 스팀밀크를 붓는다.

steam milk 10ml와 거품 10ml를 만들 때 처음에는 우유량을 여유있게 준비한다.

Caffe Con Panna

에스프레소에 휘핑크림을 짜넣은 것이다. 기호에 따라 그 위에 코코아 가루를 뿌리기도 한다. 에스프레소를 스푼으로 떠서 크림에 끼얹는 식으로 먹어도 좋고, 전체를 섞어 마셔도 좋다.

■ 재료 2잔

잔크기 2.5OZ=75ml

에스프레소 25ml

물 10ml

설탕 1ts

코코아가루 적당량

휘핑크림 적당량

■ 만드는 법

1. 잔에 에스프레소를 추출한다.
2. 1에 물과 설탕을 넣어 잘 섞는다.
3. 2에 휘핑크림을 짜넣는다.
4. 휘핑크림 위에 코코아 가루를 뿌려 완성한다.

Caffe Latte

에스프레소에 우유가 잘 어우려져 우유의 맛이 한층 더 살아나게 한다.

■ 재료 2잔

잔크기 10 OZ = 300 ml

에스프레소 25 ml

우유 200 ml를 넣어 steam milk 180 ml, 거품 45 ml로 4:1의 비율을 만든다.

■ 만드는 법

1. 잔에 에스프레소를 추출한다.
2. 우유의 거품을 적게 내려면 칙소리를 짧게 하고 jug를 내렸다가 빨리 올린다.
3. 잔에 손잡이 윗부분까지 따라 서빙한다.

Caffe Mocha

■ 재료 2잔

잔크기 7 OZ = 210 ml

에스프레소 25 ml

코코아 파우더 2 ts

찬우유 150~160 ml로 잔의 8부 정도 따른다.

휘핑크림 적당량

■ 만드는 법

1. 잔에 에스프레소를 추출한다.
2. 1에 코코아 파우더와 찬우유를 넣고 스팀기로 뜨겁게 데운다.
   용기에 반정도 넣고 잠근다. 처음에는 벽면쪽에 중간 세기, 그 다음은 가운데 부분에서 약한 정도로 시간을 두고 데운다.
3. 휘핑크림을 얹고 코코아파우더를 뿌린다.

- 동물성 휘핑크림이 식물성 크림보다 단단하다.
- 가당을 쓰거나 무가당은 시럽을 섞는다.

Caffe Vienna

■ 재료 2잔
잔크기 7 OZ = 210 ml
에스프레소 25 ml
설탕 1 ts
뜨거운 물 150~160 ml
휘핑크림 적당량

■ 만드는 법
1. 잔에 에스프레소를 추출한다.
2. 설탕을 넣고, 뜨거운 물을 붓는다.
3. 휘핑크림을 얹는다.

Caffe Mochaccino

달콤한 초콜릿 소스에 부드러운 우유거품을 이용해 만든 커피

■ 재료 2잔

잔크기 7 OZ = 210 ml
에스프레소 25 ml
코코아 파우더 2 ts
찬우유 45 ml

■ 만드는 법

1. 잔에 에스프레소를 추출한다.
2. 1에 코코아 파우더를 넣어 수저로 잘 섞는다.
3. 그 위에 스팀밀크를 따른다.

Hot Chocolate

■ 재료 1잔

잔크기 10 OZ = 300 ml
코코아 파우더 3 ts = 120g
찬우유 210 ml

■ 만드는 법

1. 잔에 코코아 파우더와 찬우유를 넣는다.
2. 스팀기로 데운다. 스팀기를 내리지 말고 그대로 두면서 거품을 낸다.

Iced Chocolate

■ 재료 1잔

잔크기 18 OZ = 540 ml
코코아 파우더 50g
찬우유 300 ml
얼음

■ 만드는 법

1. 잔에 코코아 파우더와 찬우유를 넣고 수저로 섞는다.
2. 얼음을 잔에 넣어 잔의 9부가 되게 한다.
   보통 얼음이 들어가는 ice menu는 컵의 8부가 적당하고, 휘핑크림이 들어가는 menu는 컵의 9부가 적당하다.

Iced Coffee

■ 재료 1잔

잔크기 18 OZ = 540 ml

에스프레소 25 ml × 2

찬물 4 OZ

얼음

시럽

■ 만드는 법

1. 에스프레소 2잔을 추출한다.
2. 잔에 4 OZ의 찬물을 넣고 에스프레소를 붓는다.
3. Tin에 얼음 2/3를 넣고 2를 부어 수직으로 해서 shaking을 강하게 12~15회 한다.
4. 시럽은 따로 서빙한다.

Hand Drip - Iced Coffee

■ 만드는 법

1. server에 얼음을 가득 채운다.
2. drip을 한다.
3. 잔에 얼음을 조금 더 채우고 2를 붓는다.

Ice Espresso

■ 재료 1잔

잔크기

에스프레소 3~4 shot

시럽 $1\frac{1}{2}$ OZ = 40ml

얼음

■ 만드는 법

1. 잔에 에스프레소 넣는다.
2. Tin에 얼음을 1/2을 넣고 1을 붓는다. 이때 내용물이 얼음에 잠길 정도만 붓는다.
3. 잔을 수직으로 꼽고 shaking한다.
4. 잔에 따를 때 얼음이 따르지 않도록 한다.

Ice Macchiato

■ 재료 1잔

잔크기

에스프레소 3 shot

우유 3 OZ

얼음

시럽

■ 만드는 법

1. 잔에 에스프레소와 우유를 넣는다.
2. Tin에 얼음을 1/2~ 2/3을 넣는다.
3. 잔을 수직으로 꼽고 shaking해서 거품이 생기게 한다.
4. 잔에 따르고 시럽은 따로 서빙한다.

Ice Latte

■ 재료 1잔
잔크기
에스프레소 2 shot
우유
얼음
시럽

■ 만드는 법
1. 잔에 얼음을 가득 채운다.
2. 우유를 잔의 9부 정도 따른다.
3. 에스프레소 2 shot을 따른다. 시럽은 따로 서빙한다.

Ice Cappuccino

■ 재료 1잔
잔크기
에스프레소 2 shot
우유 4 OZ
얼음

■ 만드는 법
1. 잔에 우유 4 OZ, 에스프레소 2 shot을 따른다.
2. Tin에 1/2~2/3의 얼음을 넣는다.
3. 1을 2에 붓고 shaking한다.

Ice Mocha

■ 재료 1잔

잔크기

에스프레소 2 shot

코코아가루 5 ts

찬우유 8 OZ

얼음

휘핑크림

쵸코렛가루

■ 만드는 법

1. 잔에 코코아가루 5 ts(30g), 에스프레소 2 shot을 넣고 저어준다.
2. 찬우유 8 OZ을 1에 붓어 잔의 6부 정도가 되게 하고 수저로 잘 저어준다.
3. 얼음을 8부까지 채워주고 휘핑크림을 올린 후, 토핑(초콜릿 가루)을 올려준다.

Ice Vienna

■ 재료 1잔

잔크기

에스프레소 2 shot

찬물 8 OZ

시럽 20 ml

얼음

휘핑크림

■ 만드는 법

1. 잔에 얼음을 가득 채운다.
2. 에스프레소 2 shot과 찬물을 부어 8부가 되게 한다.
3. 시럽을 20ml를 넣는다.
4. 휘핑크림을 올린다.

Ice Mochaccino

■ 재료 1잔
잔크기
에스프레소 2 shot
코코아가루 5 ts(30g)
찬우유 9 OZ
얼음

■ 만드는 법
1. 잔에 에스프레소 2 shot, 코코아가루 5 ts, 우유 150ml를 넣고 저어준다.
   컵의 4부가 되게 한다.
2. Tin에 우유 4 OZ와 얼음을 넣고 shaking해서 잔에 따른다.

Ice Mochaccino

■ 재료 1잔
잔크기
에스프레소 2 shot
코코아가루 5 ts
우유 150 ml
우유 4 OZ
얼음

■ 만드는 법
1. 잔에 에스프레소 2 shot, 코코아가루 5 ts, 우유 150 ml를 넣는다.
2. Tin에 우유 4 OZ와 얼음을 넣고 shaking해서 잔에 따라준다.

Caffe Shakerato

칵테일풍으로 혼합한 에스프레소로, 유리잔에 담아 연출하면 진하면서도 차가운 풍미를 한층 더 멋스럽게 느낄 수 있다.

■ 재료 1잔

잔크기 : 칵테일 글라스

에스프레소 도피오 (2 shot) 40~60ml

그래뉴당 20g

각얼음 적당량

■ 만드는 법

1. 에스프레소 도피오를 추출한다.
2. 1에 그래뉴당을 넣고 녹인다.
3. 각얼음이 든 칵테일 셰이커에 2를 넣고 잘 흔든다.
4. 칵테일 글라스에 따라 낸다.

Prappuccino

에스프레소에 분쇄된 얼음을 넣어 시원하게 즐길 수 있는 메뉴

Espresso Prappuccino

에스프레소 4 shot + 물 1 OZ + 시럽 1 1/2 OZ + 얼음 1 스쿱(20g)
blender에 갈아준다. 거품이 곱게 나게 한다.

Caramel Prappuccino

에스프레소 2 shot + caramel 시럽 1 Oz + 우유 4 OZ + 얼음 1 스쿱

Mocha Prappuccino

에스프레소 2 shot + 코코아가루 5ts(30g) + 우유 2 OZ + 얼음 1 스쿱

Green Tea Prappuccino

녹차파우더 6 ts(40g) + 우유 6 OZ + 얼음 1 스쿱

Fresh Fruit Juice

Orange Juice

orange 1개(250g) + 콜드 6 OZ(180ml) + 얼음 4~5 EA

Tomato Juice

tomato 1개(300g) + 시럽 1/2 OZ(10ml) + 얼음 4~5 EA

Kiwi Juice

kiwi 3개 + 시럽 1/3 OZ + sprite 1 OZ + 얼음 4~5 EA

* 과일 상태에 따라 시럽, 콜드의 양은 가감이 가능하다.

Lemonade

lemon 1개(1 1/2OZ) + 시럽 1/3 OZ + sprite 1/2can(180ml) + 얼음 4~5 EA

Orangeade

orange 1개(250g) + 콜드 90ml + sprite 1/4(90ml) + 얼음 4~5 EA

콜라, 스프라이크는 잔에 따라서 Perrier는 잔을 따로 서빙(레몬은 요구에 따라 제공한다)

Dutch Coffee

1. 에스프레소 입자보다는 굵고 Drip 입자보다는 가늘게 한다.
2. 원두 400g, 눈 2000~2500ml 관의 6부 정도 따른다.
3. 여과지는 관에 위/아래에 두는데 그 이유는 물방울이 한곳에 떨어지지 않고 전체적으로 스며들게 하기 위해서이다.
4. 1초에 한방울정도 떨어지게 속도를 맞춘다.
5. 1200ml 정도 추출되고, 추출시간은 8~10시간 걸린다.
6. 냉장에서 2~3일 보관가능하다.
7. Dutch coffee는 다른 메뉴보다 카페인이 적다. 에스프레소 < 드립

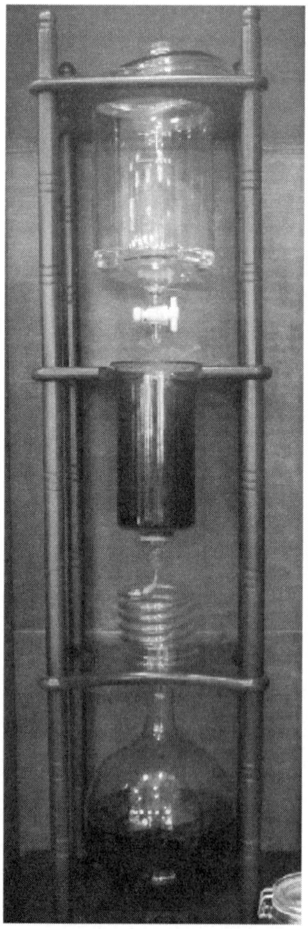

☐ Hot

더치커피 100 + 물 20ml를 따뜻하게 데워서 serving

☐ Ice

잔의 6부를 커피와 찬물로 채우고, 얼음과 시럽을 넣고 serving

Syphon Coffee

사이폰식은 여러 가지의 커피조리방법 중 가장 무드를 맛볼 수 있는 방법이다. 이 기구의 조작은 간단하므로 누구나 어렵지 않게 맛있는 커피를 만들 수가 있다. 하부의 플라스크를 뜨겁게 하면 그 수증기의 압력에 의해 위쪽으로 뜨거운 물이 올라가 커피를 추출하는 것이다. 유리기구이기 때문에 깨지지 않게 취급에 주의하고, 플라스크는 물기를 잘 닦은 후 가열한다.

□ 준비물

사이폰기구 세트, 분쇄커피(약간 가는 분쇄)

□ 방법

1. 사이폰 하부의 플라스크에 사람 수 만큼의 뜨거운 물을 넣고 바깥쪽의 물기를 닦아 낸다.
2. 알콜램프에 불을 붙여 플라스크를 뜨겁게 한다.
3. 상부의 로드에 여과반을 당겨서 고정시킨다.
4. 로드에 사람 수 만큼의 분쇄커피를 넣는다. (1인분 12g 정도= 1½ 계량스푼)
5. 상부의 로드를 프라스크에 고정시킨다.
6. 플라스크의 뜨거운 물이 전부 상승하면 커피액을 가볍게 저어준다.

7. 1분 후에 다시 한번 저어준 후 알콜램프를 빼어낸다.
8. 상승했던 커피액이 전부 내려오면 곧바로 로드를 풀고, 잔에 따라 마시면 된다.

※ 뜨거워진 유리 플라스크에 찬물을 넣을 경우 유리 파손의 우려가 있으므로 주의한다.

□ 주의사항

1. 여과반이 로드에 정확히 밀착되지 않으면 미립자가 함께 낙하하므로 조심해야 한다.
2. 상하 연결부분의 바킹은 자주 교체해 주어야 진공작용이 된다.
3. 지나치게 오래 끓이면 향기가 날아가거나 쓴맛이 나므로 주의한다.

VI. Roasting

1. 로스팅(Roasting) 일반
2. 로스팅기 분류
3. 로스팅(Roasting) 과정
4. 로스터 변천사
5. 로스터 구조

1. 로스팅(Roasting) 일반

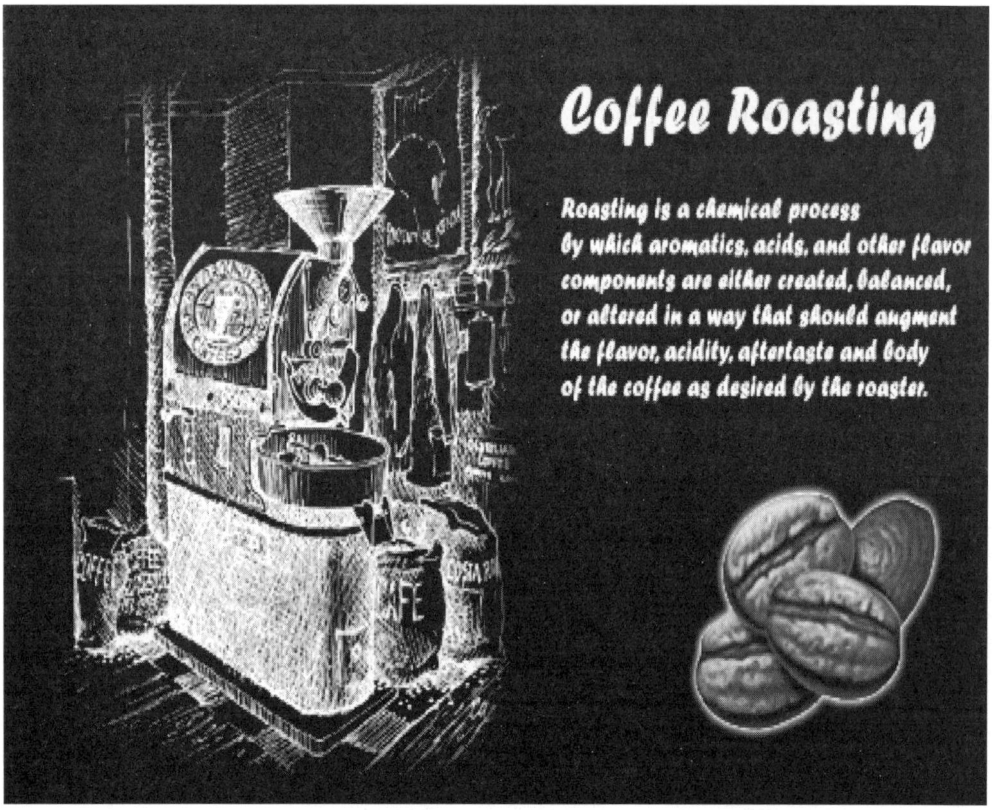

(1) 로스팅이란

로스팅(Roasting)이란 생두(Green Bean)를 볶아서 마실 수 있는 원두상태로 만드는 과정으로 '커피콩을 볶다' 혹은 '배전한다'라고 말한다.

커피 볶는 기계를 로스터기(Roasting Machine) 혹은 배전기라 부르며, 커피 볶는 사람을 로스터(Roaster)라고 부른다.

각각의 생두의 특성은 물론, 커피에 대한 폭넓은 이해를 바탕으로 이루어지는 중요한 이 작업을 수행하는 로스터는 단종의 커피가 가지고 있는 저마다 최상의 고유한 풍미를 구별하고, 그 풍미와 특성을 살리기 위해 적절한 로스팅 포인트를 찾아내야 한다.

예를 들자면, 멕시코 생두는 강하게 로스팅해야 그 고유의 감미로운 맛을 얻을 수 있지만, 에티오피아 생두는 오히려 강하게 로스팅해버리면 그 특성을 모두 잃어버리게 된다. 또한 과테말라 안티구아와 같은 생두는 강하게 로스팅해야 과일의 신선한 신맛과 같은 상쾌한 맛을 얻을 수 있으며, 수마트라 생두는 약하게 또는 중간 정도로 로스팅했을 경우에만 그 고유의 풍부한 맛을 얻을 수 있다.

숙련된 로스터는 생두의 특성뿐만 아니라, 로스팅 공정에 영향을 미칠 수 있는 기온과 습도 등의 환경 요인을 체크하고, 그에 따른 로스팅 조건을 조정할 수 있어야 한다. 또한 때로는 여러 가지 종류의 생두를 블렌딩하여 로스팅 하거나, 또는 로스팅된 원두를 블렌딩하여 기대이상의 전혀 새로운 조화로운 맛과 향을 창조할 수도 있어야 한다. 그러나 이와 같은 블렌딩 작업의 경우 각각의 커피가 가지는 개성을 잃어버릴 우려가 있는 어려운 작업임에 틀림없다.

(2) 생두

커피를 볶으려면 가장 먼저 생두가 필요하다. 맛있는 커피는 다름 아닌 양질의 생두에서 온다. 그렇다면 좋은 생두란 어떤 것일까 ?

□ 핸드픽의 중요성과 생두의 선별

핸드픽(Hand Pick)이란 맛있는 최상의 커피 한 잔을 위하여 부적절한 커피빈이나 이물질을 손으로 골라내는 작업을 말한다. 이렇게 부적절한 커피빈을 결점두라 부르는데 결점두는 커피 맛에 결정적인 영향을 끼친다.

결점두가 아니라도 커피빈의 크기가 지나치게 크거나 작은 것은 제외시켜야 한다. 크기의 차이는 꽃이 피는 시기의 전후에 내리는 비의 정도에 의해 결정이 되는데 적당량의 비가 내리지 않으면 빈의 크기가 더 이상 자라지 않게 된다. 대부분의 다른 새두에 비해 크기가 지나치게 작은 경우에는 커피를 볶을 때 탈 우려가 있으며, 지나치게 큰 경우 속까지 익지 않기가 쉽다. 생두의 크기를 엄밀히 분류하는 나라가 있는 반면 에티오피아나 예멘과 같이 그렇지 못한 경우도 있기 때문에 핸드픽시 체 같은 것을 이용하여 아주 작은 것과 큰 것을 골라내는 것이 좋다.

결점두 종류

검은콩(Black bean) : 성숙되기 전에 떨어진 열매로 색깔이 검은 커피콩
작은콩(Dride coffee cherry or pod) : 작게 성숙된 커피콩
변질콩(Sour bean) : 변질되어 시큼한 냄새가 나는 콩
벌레콩(Insect damaged bean) : 벌레먹은 커피콩
덜익은콩(Quakers of immature bean) : 성숙되지 않는 열매의 커피콩
쪼개진콩(Broken bean) : 가공시 반 이상 쪼개진 커피콩
파치먼트(Parchment) : 속 껍질이 정선되지 않는 커피콩
물에 뜨는 콩(Floater bean) : 비정상적으로 성숙되어 물에 뜨는 커피콩

때때로 생두에서 생긴 곰팡이를 발견할 경우가 있다. 이는 생두를 가공하는 과정에서나 보관이 적절치 못한 경우에 발생한다. 과육을 파치먼트인 상태로 분리하는 과정에서 그 사이에 존재하는 미끈거리는 층의 제거가 충분하지 못해 수분이 남아 있어 곰팡이를 발생시키는 경우가 있다.

또한 파치먼트를 건조시키는 단계에서 강우량이 많아 콩에 수분이 남아있는 경우나 고온다습한 곳에서 유통되거나 보관되는 경우에도 곰팡이가 발생한다.

생두의 이름은 어떻게 붙여질까 ?

일반적으로 스트레이트 커피라 불리는 산지별 커피는 생두의 이름 앞에 그 나라의 이름을 붙인다. 거기에다 생산되는 지역의 이름과 등급 등을 구체적으로 명명하여 보다 상세한 정보를 제공할수록 소비자에게 신뢰를 줄 수 있다. 그렇다면 커피에 붙어있는 이름들은 어떤 기준에서 어떤 방식으로 붙여지는가?

생두의 이름은 주로 생산국가이름, 수출항구 이름 및 특정지명을 붙여 부른다. 대부분 생산국가 이름에 등급이나 그 나라의 산지 이름을 붙인다. 그 사이에 수출되는 항구의 이름을 붙이는 경우도 있다.

생산국가 + 산지 : Jamaica Blue Mountain, Hawaiian Kona, Guatemala Antigua
생산국가 + 수출항구 : Brazil Santos, Ethiopian Mocha, Yemen Mocha
생산국가명 + 등급명 : Costa Rica SHB, Colombia Supremo, Kenya AA

브라질 : 결점수에 따라 No.2 ~ No.8, 그린빈의 크기에 따라 Screen 14 ~ 20, 맛에 따라 Strictly Soft, Soft, Softish, Roy 등

콜롬비아 : 콩의 크기에 따라 Supremo, Excelso

코스타리카/콰테말라 : 생산지역의 고도에 따라 SHB(Strictly Hard Bean), HB(Hard Bean)

온도라스/엘사바도르/니카라과 : 산지 고도에 따라 SHB(Strictly High Grown), HG(High Grown), Standard

멕시코 : 고도에 따라 Altura, Lavado 등

케냐/탄자니아/파푸아뉴기니 : 크기와 맛에 따라 AA, A, B 등

자메이카 : 블루마운틴 지역에서 재배된 것은 크기에 따라 No.1,2,3, 그 외 지역 재배된 것은 High Mountain, Prime Washed

하와이 : 크기와 결점수에 따라 Extra Fancy, Fancy, Prime

인도네시아 : 결점수에 따라 No.1~5

2. 로스터기 분류

(1) 커피를 볶는 방식

☐ 자동 : 생두를 넣고 버튼만 불러주면 볶아져 나오는 것

☐ 반자동 : 가스와 내부의 열기의 정도를 조절해주어 볶는 정도를 결정

(2) 사용 용도

☐ 가정용 : 후라이팬, 수망, 작은 샘플 로스터기

☐ shop용 : 1kg ~ 5 kg

☐ 공장용 : 그 이상

(3) 원두가 불에 닿는 형태 (화력 공급 방식)

☐ 직화식 : 드럼 전체에 뚫여 있는 내부의 구멍(펀치)을 통하여 열이 바로 전달되므로서 드럼 속의 생두를 열로 직접 가열하여 로스팅하는 방식

☐ 반열풍식 : 연료의 연소로 가열된 공기가 드럼 뒷쪽에만 뚫여 있는 구멍을 통하여 드럼으로 들어가게 되고, 데워진 온도에 의해서 로스팅되는 방식이다.

☐ 열풍식 : 반열풍식과 같이 드럼의 뒷쪽에만 뚫여 있는 구멍을 통하여 250℃의 고온 열풍으로 로스팅되는 방식이다. 열풍식 로스터기를 사용하면, 균일한 로스팅이 가능하고, 배전시간을 단축할 수 있어 효과적이다.

□ 1 kg 반직화식/반열풍식

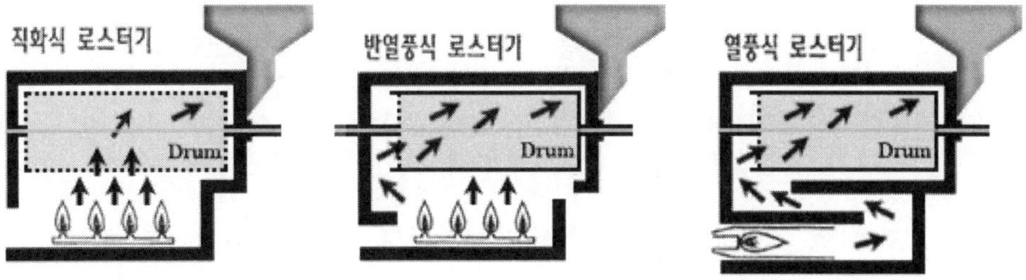

(4) 열원

기름, 가스(반자동), 마이크로 웨이브(자동), 숯 등

3. 로스팅(Roasting) 과정

생두는 그 자체로는 아무런 맛도 향도 없다. 그러나 생두에 200℃가 넘는 열을 가해 볶아 주면 생두의 세포 조직이 파괴되면서 숨어 있던 여러 가지 성분들(지방분, 당분, 카페인, 유기산, 무기산, 탄닌 등)이 활성화되어 밖으로 발산된다. 커피의 맛과 향을 결정짓는 것은 이렇게 활성화된 성분들의 세기와 조화라고 할 수 있다.

어떤 성분들은 로스팅 과정에서 더욱 강해지기도 하고, 약해지기도 한다. 로스팅에서 중요한 것은 강해지고 약해지는 성분들의 조화를 통해 최적의 조합을 찾아내는 것이다. 즉, 같은 생두를 가지고 로스팅을 하더라도 어떻게 로스팅했느냐에 따라 맛은 달라질 수가 있다. 또 어떤 생두에 대한 최적의 로스팅 방법이 다른 생두에는 전혀 안 맞을 수도 있다.

(1) 로스팅 과정

1) 전처리

생두는 농산물이기 때문에 썩은 생두나 벌레 먹은 생두와 같은 결점두가 섞여 있을 수 있다. 로스팅에서 중요한 점은 모든 생두가 같은 정도로 볶아지는 것인데, 이러한 결점두들은 로스팅 과정에서 평균적인 생두보다 많이 볶아지거나 덜 볶아져서 맛에 나쁜 영향을 주기 때문에 로스팅 전에 미리 선별(選別, hand-pick)해 두어야 한다.

또한 기후와 주변 환경에 따라 생두의 수분 함량이나 생두 자체의 온도가 변하므로 로스팅 조건(온도, 시간, 불 조절)을 달리해야 한다. 따라서 로스팅 전에 생두의 상태를 눈으로 확인하거나 손으로 만져보고 냄새를 맡아서 확인하는 작업을 해야 한다.

2) 기계의 예열

대부분의 기계가 그러하듯이 로스팅 기계도 예열 작업을 해주어야 한다. 예열을 할 때에는 낮은 온도부터 시작하여 약 190~200℃까지 천천히 온도를 올려주면서 최소한 40분 이상 해주어 한다.

지나치게 빨리 예열을 하면 기계에 물리적인 충격이 갈 뿐 아니라, 식어있던 드럼이 갑자기 팽창하여 회전 드럼과 본체 사이의 일정했던 유격이 좁아져서 마찰음이 발생할 수도 있다.

기계적인 이유뿐만 아니라, 천천히 예열을 하게 되면 드럼 전체의 온도가 일정해지고 내부의 대류 흐름도 안정될 수 있어서 생두 투입의 최적 조건을 만들 수 있다.

3) 생두 투입 - 로스팅

□ 생두의 투입

생두 자체는 차가운 성질과 8~13% 정도의 수분을 가지고 있다 따라서 200℃ 이상으로 달궈진 드럼 내부로 생두를 투입하면 드럼 내부온도가 급격히 떨어진다.

가열을 계속함에 따라 내부 온도가 서서히 상승하는데, 이 기간 동안에는 생두가 열을 계속해서 흡수(흡열 반응)하기 때문에 상승속도가 느리다.

□ 1차 크랙(1st crack)

연녹색의 생두가 색이 바래지면서 노란색을 띠다가 점점 갈색으로 변하고 세포조직이 파괴되고 가스 성분이 분출하면서 수분은 감소하고 부피는 증가하기 시작한다. 그러던 중 180~185℃정도에 도달하면 갑자기 드럼 내부에서 팝콘이 터지는 듯한 소리가 들릴 것이다. 1차 크랙이 진행되는 것이다.

내부 온도 상승을 통해 점차 활성화되던 생두 내부성분들이 1차 크랙을 기점으로 밖으로 활발하게 발산된다. 이후부터는 생두 내부에서 여러 가지 화학반응과 함께 외부로 열이 발산(발열 반응)된다. 실버스킨도 이 과정 중에 활발하게 제거된다.

발열 반응으로 인해 내부 온도가 짧은 시간 동안에도 급격히 올라가기 때문에 생두의 특성에 따라 적절한 불 조절을 하여 자신이 원하는 정도에서 로스팅을 멈출 수 있도록 해야 한다.

□ 2차 크랙(2nd crack)

로스팅을 계속 지속하면 195~205℃ 부근에서 2차 크랙이 발생한다.

색깔은 점점 짙은 갈색을 띠게 되며 부피도 더 증가한다. 그리고 원두 내부에 있던 오일 성분이 원두 표면으로 발산한다. 수분 감소와 내부 성분 발산에 의해 무게는 감소한다. 로스팅 정도에 따라 차이가 있지만 로스팅을 마친 원두는 무게가 15~20% 정도 감소하고 부피는 50~100% 정도 증가한다.

4) 원두 배출 - 쿨링(Cooling)

드럼 밖으로 배출되었더라도 로스팅된 원두는 자체 온도에 의해 로스팅이 계속 진행된다. 따라서 최대한 빨리 원두를 상온으로 떨어뜨려야 한다. 만약, 급속히 냉각되지 않으면 커피 내부의 복사열에 의하여 본인이 처음 의도한 볶음도를 초과하게 되고, 이로 인해서 결과적으로는 원하지 않는 향미를 가진 커피가 되기 때문이다.

5) 마무리

원두가 충분히 냉각이 되면 로스팅 전에 생두를 선별했듯이 로스팅 후에도 원두를 다시 정선해야 한다. 생두 선별 시 미처 골라내지 못했던 이물질이나 불량 원두, 과다/과소 로스팅 원두를 골라내야 한다.

(2) 로스팅의 단계

밥을 지을 때 물의 양과 뜸들이기 정도에 따라 고슬밥과 진밥이 나오는 것처럼, 똑같은 생두라 하더라도 볶은 정도(배전도)에 따라 다양한 맛이 나온다.

일반적으로 로스팅을 강하게 할수록 쓴맛은 강해지고 신맛은 줄어든다. 단맛은 중간 정도로 로스팅 했을 때 가장 강하다. 따라서 볶은 정도(배전도)를 잘 이용하면 똑같은 생두에서도 다양한 맛을 표현할 수 있다.

눈으로 보지 않고도 어느 정도로 커피를 볶았는지 이해하기 쉽도록 커피 로스팅의 단계를 정했다. 일반적으로 로스팅 정도를 강/중/약배전의 3단계로 간단하게 분류하기도 하나, 우리나라와 일본에서는 주로 8단계로 구분하여 사용한다.

□ 라이트(Light) 최약배전
로스팅의 초기단계, 향기가 없으며 커피 특유의 깊은 맛도 전혀 없기 때문에 실질적으로 사용할 수 없다. 황색을 띤 소맥색

□ 시나몬(Cinnamon) 약배전
라이트 로스트보다는 생두가 많이 팽창하였지만 아직 주름이 완전히 펴지지 못한 상태로 이 단계까지는 커피로 음용하기 부적합하다. 색상이 계피색 정도이기 때문에 시나몬 로스트라고 한다. 강한 신맛으로 커피 향은 약하다.

□ **미디엄(Medium) 약강배전**
향이 좋고 마일드한 맛, 밤색, 감미로운 신맛과 쓴맛이 난다. 블렌드용 아메리칸 커피로 사용

□ **하이(High) 중약배전**
두번째 팽창을 시작한 후부터이며 미디엄 로스트보다 약간 더 진행된 상태를 말한다. 신맛이 약간 남고 쓴맛이 점점 강해지면서 감미로운 냄새가 난다. 갈색

□ **시티(City) 중중배전**
신맛보다는 쓴맛과 달콤한 향기가 나는 것이 특징이다. 다갈색

□ **풀시티(Full city) 중강배전**
신맛이 없으며 쓴맛이 주, 아이스커피용, 흑갈색

□ **프렌치 로스트(French roast) 강배전**
오일이 비침, 흑갈색, 에스프레소용

□ **이탈리안 로스트(Italian roast) 최강배전**
흑색에 가까움, 쓴맛이 강하고 오일이 많이 비침, 일본식 아이스커피용

커피를 볶으면 왜 기름이 나올까?

커피에는 지방 성분이 9~20% 들어있으며 이는 로부스타보다 아라비카에 더 많다. 이 지방 성분이 커피를 볶는 과정에서 열분해 작용으로 커피조직에서 유리되어 볶은 커피 표면으로 스며나와 반짝이는 윤기를 띤다.

지방 성분은 볶음도가 강할수록 더 많이 나타나며 프렌치 이상으로 커피를 볶는 경우에는 볶는 동안에 지방성분이 커피원두 표면으로 나타나게 된다.

4. 로스터 변천사

커피의 기원은 커피 볶는 기술(로스팅 : roasting)과 직접적이고도 밀접한 관계를 맺고 있다. 커피의 기원에 관한 설화에도 나오듯이 쓸모없다고 여기던 커피 열매 씨를 화로에 무심코 던졌을 때 커피는 비로소 감성을 자극하는 매혹적인 향기와 함께 인간세상에 처음으로 모습을 드러낸다. 볶고 식히고 분쇄하는 과정을 거치지 않고는 초록색의 씨와 그 속에 들어 있는 귀중한 내용물은 아무 의미와 가치도 없는 것이다. "커피 생두에 숨겨져 있는 보물을 찾아내는 볶는 과정이 없다면 이 음료의 문화사도 존재하지 않을 것이다."

4.1. 1824년 이전

커피를 볶고 식히며 분쇄하는 과정이 언제 체계적인 방식으로 발전하였는지에 대하여 아는 바는 없다. 하지만 16세기에 오리엔트에서 커피가 발견되고 그 효과가 알려진 직후부터 발전하였으리라고 추측할 수 있다. 16세기 여행가 베르니에는 자신의 저서에서 "커피를 제대로 만드는 법을 이해하고 있는 커피 볶는 기술자는 카이로에 단 두 명만 존재하고 있다"고 적고 있다.

로스팅의 진화 과정을 살펴보면 19세기 초반까지 수백 년간 다음과 같은 3가지 형태의 로스팅 기구를 주로 사용하였다 : 냄비형, 실린더형, 구(球)형.

☐ 냄비형

냄비형

뚜껑이 달린 냄비형

가장 초창기 때부터 각 지역에서 널리 사용되던 로스팅 기구이다. 부엌이나 화덕, 모닥불에서 원두를 볶을 때 사용되었다. 운반 가능하며 대략 1kg 이하의 커피를 볶는데 적합하다. 불 위에 용기를 놓고 그 속에 원두를 넣고 볶는다. 열이 대체적으로 균등하게 용기의 벽을 통하여 원두에 전달되며, 골고루 볶아지도록 금속이나 나무로 만든 숟가락을 사용해서 섞는다. 로스팅 과정을 눈으로 확인할 수 있다는 장점이 있다.
형태는 단순한 철판 모양에서부터 프라이팬, 반구형 냄비에 이르기까지 다양했는데 반구형의 경우에는 흙으로 만든 냉각용 냄비가 부착되어 있었다. 냄비의 재료로는 철판, 구리, 황동 등이 사용되었다.
생두를 골고루 섞기 쉽도록 회전 손잡이를 부착하고, 뚜껑을 달아서 열 손실을 줄인 형태도 많이 사용되었다.

□ 실린더형

뚜껑 달린 상자형 로스팅 기구

냄비형의 경우에는 용량의 한계가 있기 때문에 곧 더 큰 용량을 담을 수 있는 실린더 모양의 기구가 등장했다.
실린더형은 앞의 그림처럼 실린더의 길이가 지름의 몇 배에 이르고, 손잡이가 부착되어 있으며, 회전 받침대 위에 설치되어 있는데, 핸들 조작으로 불 위에서 이동이 가능하도록 되어 있어 프라이팬이나 냄비 모양의 용기보다 여러 가지 면에서 훨씬 우수했다. 형태로 미루어볼 때, 원두를 불 위에 올려놓고 흔들 수 있도록 긴 막대기가 달려 있는 '뚜껑 닫힌 상자형 커피 볶는 기구'가 실린더형에 영향을 끼친 것으로 짐작할 수 있다.
실린더형의 단점은 원두를 넣고 빼기가 불편한데다, 커피 볶는 과정을 눈으로 확인할 수 없으며, 골고루 섞기가 쉽지 않다는 점이다. 이러한 이유 때문에 냄비형이 실린더형과 더불어 오랫동안 대중적으로 이용되었으며 이들 두 유형이나 이들의 변형이 1945년 이후에도 유럽에서 가끔 사용되었다.

□ 구형

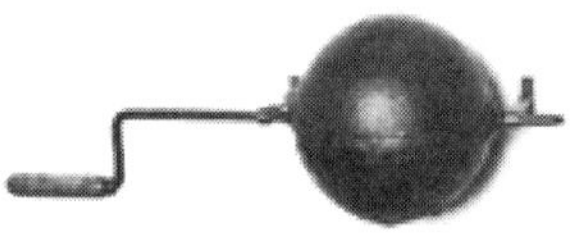

구형 로스터는 냄비형과 실린더형의 단점을 보완하기 위해 고안되었다. 구형은 간단한 장치를 통해 원두를 골고루 잘 섞을 수 있으며, 작은 불 위에서도 열이 잘 전달되는 장점이 있다. 또한 18세기 중엽부터 원두를 볶을 때 발생하는 연기를 잘 조절하여 외부로 배출시키려는 노력이 있었는데 구형에서는 이것이 가능해졌다.

그러나 구형도 냄비형이나 실린더형과 마찬가지로 열전달이 접촉을 통해서만 이루어지기 때문에 용량이 한계가 있다. 왜냐하면 로스터가 너무 클 경우 원두가 로스터 속에 머무는 시간이 길어짐에 동시에 커피의 질도 떨어지기 때문이다.

4.2. 1824 ~ 1914년대

1824년에서 1914년까지는 커피 수요가 증대되면서 영업용/산업용 로스터가 발전한 시대이다. 커피에 대한 국가의 통제가 없어지면서 미국과 유럽이라는 로스팅 기술을 독자적으로 개발하는 두 개의 대형 커피시장이 형성되었다. 유럽의 경우 커피가 교양 계층의 음료로 꾸준히 인기를 모으고 있었지만, 미국에서는 이미 대중적인 음료로 자리를 잡았다.

19세기 초반 주요 도시들에는 120kg급 로스팅기를 2~4대 이상 갖춘, 꽤 규모가 큰 회사들이 생겨났는데, 이는 신선한 커피를 찾는 소비자들의 요구를 반영하기 위해서이다. 이에 따라 대형 로스터 제작업체들도 하나 둘씩 나타나게 되는데, 1864년 뉴욕에서 Jabez Burns가 자기 이름을 딴 로스터 제작 공장을 세웠고, 1868년 독일 에머리히에서는 에머리히 기계제작소가 설립되었는데 이것이 오늘날 PROBAT의 전신이다.

두 공장의 설립 시기가 비슷한 것으로 미루어 보아 미국과 유럽 두 곳에서 동시에 대량의 원두를 볶을 수 있는 기술에 대한 수요가 늘어났다고 볼 수 있다.

미국의 로스팅 공장 전경: 제임스 카터가 1846년에 미국에서 특허를 인정받은 풀 아웃 방식의 로스터 모습이 보인다.

초기의 대규모 로스팅 공장에서 볼 수 있었던, 이동 가능 냉각상자가 있는 구형 커피 볶는 기구

□ Richard Evans의 샘플 검사기 (1824년)

Evans가 특허를 받은 샘플 검사기는 포대에 들어 있는 곡물을 검사할 때 사용하는 꼬챙이와 거의 유사하다고 할 수 있다. 이것이 발명되기 전까지는 로스팅 중 원두가 내는 소리, 냄새, 시간 등 감각으로 확인할 수 있는 것에 의지해서 로스팅 정도를 제어했는데 산업 분야에서는 그리 믿음직스러운 방법은 아니었다.

이 샘플 채집기의 한 쪽은 숟가락 모양이고 다른 쪽은 손잡이 모양을 하고 있는데 속이 비어 있는 축을 통하여 회전 드럼 내부로 집어넣게 되어 있다. 이 기구를 사용함으로써 로스터가 돌아가는 도중에도 소량의 원두를 꺼내서 색깔과 진행 정도 점검, 원두 상태의 점검, 샘플의 재투입이 가능하게 되었다.

커피를 볶는 도중에 기계를 세우지 않고 샘플을 꺼내서 진행 정도를 확인할 수 있다는 것은 중요한 기술적 발전이었다.

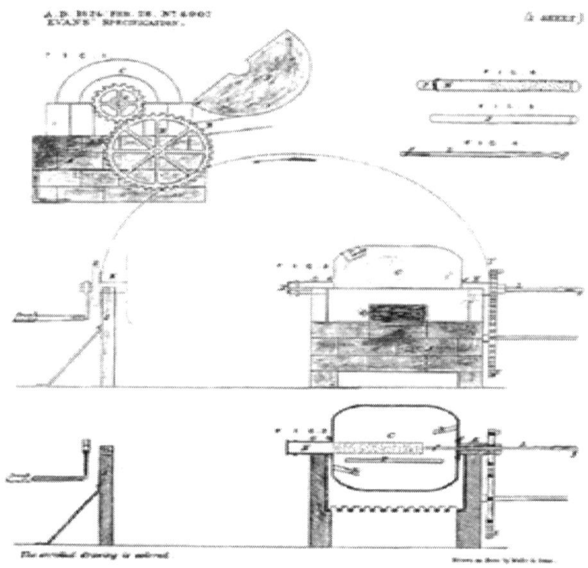

영국 최초의 산업용 로스터에 대한 Richard Evans의 특허 서류

□ 코크스와 석탄가스를 이용한 직접 가열(직화식)

19세기부터 본격적으로 사용하게 된 코크스와 석탄가스는 당시까지는 볼 수 없었던 깨끗하고 편리한 연료였다. 이 연료의 효과적인 연소로 커피를 훨씬 신속하게 볶을 수 있게 되었다.
직접 가열방식이란 로스터 드럼 내부에 불 구멍이 뚫려 있어서 커피와 불이 직접 접촉되는 방식을 가리킨다. 그 이전까지는 용기를 통해 열이 전달되는 간접 가열방식을 사용했었다. 가스는 깨끗한 원료이기 때문에 가스 불길이 직접 커피에 닿아도 아무런 문제를 발생시키지 않는다.
구멍 뚫린 실린더를 갖추고 코크스를 사용함으로써 커피를 볶는데 20~30 분밖에 걸리지 않게 되었다. 이때까지 커피 볶는데 걸린 시간이 50분 이상이었다는 것을 생각하면 상당한 시간 단축이었다. 따라서 품질을 현저하게 개선할 수 있었으며 달갑지 않은 부작용인 커피의 무게 손실도 줄일 수 있었다. 이 두 연료는 연소가 깨끗하게 되고 조절이 용이하기 때문에 커피를 볶는데 적합했다.
이를 이용한 로스팅기로는 네덜란드 사람 Henneman이 만든 시스템, Probat의 Perfect, 미국 Burns의 Jubilee 등을 들 수 있다.
이제 20~30분 안에 로스팅을 마칠 수 있게 되자 커피 냉각에 더 많은 관심을 기울이게 되었다. 그전까지 주로 사용되던 단순한 형태의 냉각용 체는 원형 냉각장치로 교체되는데, 요즘 사용되는 냉각장치와 거의 유사하게 환풍기와 교반기를 사용해서 공냉식으로 원두를 식혔다.

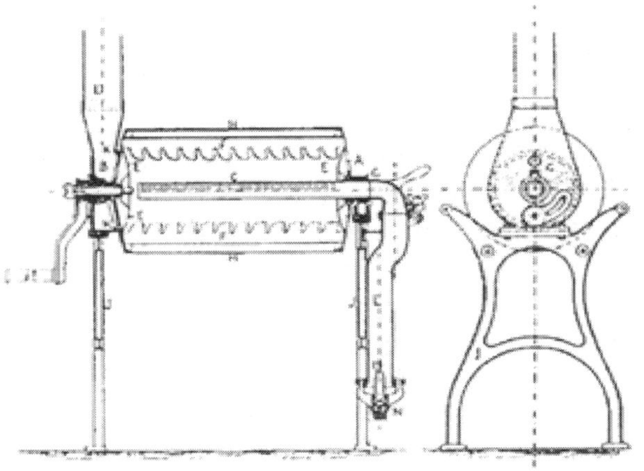

□ 이중 드럼 방식(열풍식)

직접가열 방식에는 중요한 결함이 있는데, 이것은 용기의 일부분이 지나치게 가열되어 커피의 탄 흔적이 발생한다는 점이다.
이에 대한 해결책으로 이중 드럼 방식이 개발되었다. 이 방식에서는 로스터의 드럼을 2중으로 만든다. 내부 드럼에는 구멍이 뚫려 있지만, 외부 드럼에는 구멍이 없다. 외부 드럼과 내부 드럼 사이로 뜨거운 공기를 불어넣어주면 이 열풍이 내부 드럼의 구멍을 통해 내부 드럼 안으로 들어가서 커피를 볶게 된다. 내부 드럼과 열원이 직접 접촉하지 않으므로 과도한 가열이 근본적으로 차단된다.

□ 복합 가열 방식(반열풍식)

19세기말에 복합 가열 방식이라는 새로운 기술이 등장하였다. 현재에도 사용되는 이 방식은 드럼의 가열에 의한 전도열과 뜨거운 공기를 통한 대류열을 동시에 사용하여 커피를 볶는다.

□ 기타

19세기 후반에 소규모 영업 규모로 운영되던 커피 볶는 사업이 산업화됨에 따라 여러 가지자동화 작업이 필요하게 되었다.

☞ 생두 투입
로스터에 생두를 채워 넣기 위해서는 잠시 가동을 중단해야 하는데 늘어나는 투입량과 경제성을 고려할 때 매우 큰 단점이었다. 이에 대한 해결 방안으로 깔때기 모양의 생두 투입구를 사용해서 드럼이 회전하는 도중에도 생두를 투입할 수 있도록 기술이 개발되었다.

☞ 샘플 채집기 / 온도계
1824년의 Evans가 샘플 채집기를 고안한 이래 기계를 세우지 않고도 샘플을 끄집어 낼 수 있게 된 것은 기계학적으로 중요한 진보였다.19세기 중반에는 고온 온도계가 개발되어 로스팅의 제어가 훨씬 쉬워졌다.

☞ 원두 배출
예전에는 로스팅이 끝나고 로스터를 비울 때 기계의 작동을 멈춰야만 했다. 점차 드럼이 작동하는 도중에 원두를 빠른 시간 내에 비울 수 있도록 기술이 발달하였는데, 이렇게 할 경우 드럼이 식는 것을 방지할 수 있으므로 로스팅 시간이 단축되고, 원두가 원하는 정도 이상으로 로스팅 되는 것을 방지할 수 있기 때문이었다.

☞ 쿨링(cooling)
로스팅이 끝난 원두는 재빨리 식혀야 한다. 그러지 않을 경우 원두 자체의 열에 의해 '원치 않는 로스팅'이 계속 진행되기 때문이다. 19세기 중반 산업용 로스터가 등장하면서 대형 냉각기도 같이 개발되었는데 처음에는 구멍이 없는 바닥에 볶은 커피를 갈퀴 모양의 나무로 된 도구로 골고루 펼친 뒤 뒤집는 방식을 사용하였다. 구멍이 없는 바닥은 곧 둥글고 구멍이 있는 냉각용 체로 교체되었고, 더 효율적인 쿨링을 위해 교반 장치와 환풍기가 추가되었다. 미국에서는 물을 뿌려주는 방식을 사용하였다.

5. 로스터 구조

생두 투입구를 통해 드럼 안으로 들어간 생두는 드럼 자체의 가열에 의해 전해지는 열과 드럼 뒷부분에 뚫려 있는 통풍구를 통해 들어오는 고온의 열풍(熱風)에 의해 볶아진다. 열전달을 골고루 하기 위해 드럼이 회전하면서 생두를 섞어 준다.
로스터 팬은 로스팅 과정에서 발생하는 배기가스를 배출시키는 역할을 한다. 배기가스는 생두의 가열 과정에서 발생하는 실버스킨(silver skin)과 함께 드럼 위쪽에 있는 관을 통해 싸이클론으로 전달되며, 이곳에서 실버스킨이 제거된 뒤 배기관을 통해 외부로 배출된다.
로스팅 중간 중간 샘플러(sampler)를 통해 생두를 꺼내보면서 로스팅 정도를 모니터링 하다가 원하는 배전도(焙煎度)에 도달하면 드럼 배출구를 열어 쿨링기(cooling sieve)로 내용물을 이동시킨다. 쿨링기에서는 뜨거운 원두 사이로 시원한 공기를 통과시킴으로써 원두를 식힌다.

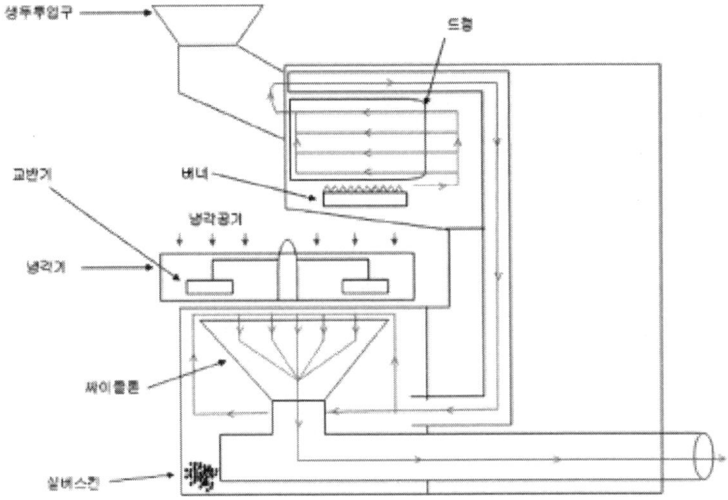

로스터기의 구조

커 피

EduContents Book&Brain

김복동 著

VII. 카페창업요령

1. 카페 창업 7단계
2. 카페 창업 KNOW-HOW

1. 카페 창업 7단계

카페 창업을 하고자 하는 이들도 많고 이에 관한 정보도 넘쳐난다. 발로 뛰는 자, 꼼꼼한 자, 장기적인 안목을 가진 자 그리고 카페에 대한 열정을 가진 자에게 창업의 승산이 있다. 발로 뛰는 창업 준비자들에게 '참고'정도만 될 카페 창업 트렌드이지만, 준비된 창업자는 한 줄짜리 트렌드에서도 금맥을 발견할 줄로 믿는다.

- 자신의 성향을 파악하고 카페 방향을 설정하라.
- 공간과 아이템의 명확한 concept을 정하라.
- 상권을 정하고 고객을 분석하라.
- 사업계획서를 작성하라.
- 자금 조달 방법을 찾아라.
- 계약 및 행정 절차 밟기.
- 창업 후 마케팅.

1.1. 자신의 성향을 파악하고 카페 방향을 설정하라

단순히 '장사나 한번 해볼까'가 아닌 '승산 있는 사업을 해보자'라고 다짐한 창업 준비자들이 거쳐야 할 창업 첫 단계는 카페 아이템과 방향을 설정하는 것이다.

여기에는 먼저 자신의 성향을 파악하는 일이 전제되어야 한다. 이는 사업자 자신의 창업 환경에 대한 냉철한 분석을 해야 한다는 얘기다. 만일 창업을 준비하기 전에 오랫동안 종사한 분야가 있다면 그 분야의 장점 및 특성을 버려서는 안된다. 이를 바탕으로 자신의 장점과 단점을 냉정하게 분석하고 관심사를 찾아내는 것이 중요한데 이때 적절히 쓰이는 방법이 SWOT 분석이다.

SWOT란 창업자의 내적인 강점(Strength)과 약점(Weakness), 외적인 환경의 기회(Opportunity)와 위협(Threat)요인을 파악하는 것을 말한다. 이 과정은 너무 어렵게 생각하지 말고 먼저 종이 한 장을 꺼내 자신의 장단점을 적어보자. 성격, 경험, 관심사 등을 총망라해보는 것이다.

기회와 위협 요인은 주로 여건에 관한 것이다. 경기가 하강하는 지 상승하는 지, 각종 지원제도가 늘어나고 있는지, 해당 분야의 사업성이 좋아지고 있는지 등이 이에 해당된다. 4가지 요인들에 대한 대처 요령에 대해 알아본다.

1.2. 공간의 명확한 concept을 정하라

공간과 아이템은 주인을 닮아간다. 무엇보다 자신의 성향과 취향을 살리는 연출을 하는 것이 일에 대한 즐거움과 집중도를 높이는 가장 좋은 방법이다. 또한 숍의 성격에 따라 상권의 위치도 달라지므로 이는 창업 준비를 위해 짚어야 할 문제이기도 하다.

점포 유형에 따라 take out 형태를 선택할 것인가, take in 형태를 취할 것인가에는 창업예산 비용에 따른 점포 임대 가능한 평수 등에 따라 고려하는 것이 좋다. take out형일 경우 비교적 소자본으로 창업을 시작할 수 있는 장점이 있다. 하지만 상권의 경우 한 블록 들어가는 곳보다는 대로변에 있어야 빠른 회전율을 기대할 수 있는데 상권이 대로변에 위치할 경우 변두리에 비해 상대적으로 임대료 및 권리금이 더 높아질 수 있다는 것을 감안해야 한다.

개인숍을 낼 경우 세부적으로 어떤 아이템에 주력하느냐에 따라 카페의 형태는 여러 개로 나뉠 수 있다. 커피 위주의 메뉴 구성을 갖춘 커피숍, 특정 테마를 갖춘 아이템 카페, 직접 커피를 볶는 자가배전숍, 베이커리를 접목시키는 베이커리 카페, 와인, 아이스크림 등의 메뉴를 접목시키는 복합 메뉴 카페 등이 그것이다.

카페 비즈니스 컨설턴트들은 '카페를 1차적인 생계 수단이 아닌 장기적으로 평생 자신과 함께 할 공간'으로 접근하고자 할 때는 자가배전숍이 유리할 것'이라고 예측한다. 소비자들에게 직접 볶은 원두를 판매할 수 있다면 상당한 마진을 남길 수 있는 것도 자가배전숍의 장점이다. 하지만 직접 로스팅을 하기 위해서는 그만큼의 시간 투자와 노력이 필요하다. 제대로 실력이 갖추어지지 않은 상태에서 로스팅을 할 경우에는 맛의 획일성도 떨어지고 커피 고유의 향을 살리기도 어렵다.

베이커리형 카페의 경우도 객단가를 높이기에 좋은 아이템이다. 현재 많은 프랜차이즈 업계들이 시장에 진출해 다양한 메뉴를 선보이고 있다. 베이커리와 커피로 한 끼의 식사를 해결하는 소비자들이 많아지면서 국내의 카페도 유럽 스타일을 닮아가고 있는 추세다. 구색을 잘 갖추기 위해서는 대기업들이 운영하는 베이커리 카페를 벤치마킹하는 것도 방법이다. 단 빵과 커피 둘 다 빠지지 않는 질을 선보이는 게 관건이다. 베이커리 관련 자격증을 가지고 있는 창업자가 유리하다.

1.3. 상권을 정하고 고객을 분석하라

창업을 하는 데 가장 중요한 것은 바로 상권이다. 입지 선정을 위해 가장 먼저 해야 할 일은 해당 점포를 중심으로 상권지도를 그리는 일이다. 이 때 가장 먼저 파악할 것은 유동인구의 움직임이다. 즉 동선이 어떻게 변하는지를 시간대별로 면밀히 파악해야 한다. 해당 상권에 영향을 미치는 배후 인구, 세대수, 주택수, 학생수 등과 아파트인 경우 주요 평형대 등을 파악하면 잠재고객 예측에 도움이 된다.

보통은 역세권이면 좋은 상권이라고 생각하는데 반드시 그렇지만은 않다. 지하철 이용객들이 외부로 나오지 않으면 상권으로서의 가치가 없기 때문이다. 역세권이면서 버스가 환승할 수 있는 곳이어야 한다. 또 차량 이동수를 파악할 시 P-turn 하는 도로에 속아서는 안된다. 이 역시 차량의 움직임은 지속적으로 일어나지만 사람들이 내려서 이동하지 않으면 무의미하기 때문이다.

창업 초보자가 피해야 할 입지

- 오르막길이나 언덕 위의 점포
- 맞은편이 한가한 곳
- 인구가 흘러가는 곳

- 업종이나 주인이 자주 바뀌는 곳
- 대형경쟁업체가 있는 곳
- 빈 점포나 공터가 많은 곳
- 임대료나 권리금이 유난히 싼 곳
- 주인이 유사업종에 종사하는 곳

점포를 구하는 실전 방식

점포는 부동산이다. 따라서 부동산에 대한 이해만큼은 철저히 물리적, 법률적, 경제적 측면에서 접근해야 한다. 따라서 점포를 구할 때, 권리금이 있는 기존 점포의 경우에는 단순히 임차한다는 차원보다는 사업 인수라는 성격을 띄게 되므로 믿을 수 있는 점포전문 부동산 중개업자를 통해 거래를 하는 것이 현명하다.

권리금은 선점권에 대한 가치로 먼저 점포를 점유한 권리에 대한 자릿값이라고 정의할 수 있으며 시설 권리, 영업 권리, 바닥 권리로 분리된다.

보통은 상권을 정하고 점포를 구할 때 권리금이 현 시세보다 저렴하고 임대료도 적정 수준인 점포를 얻는 것이 유리하다. 권리금을 산정할 때는 안전성, 수익성, 환금성을 고려해야 한다. 권리금 자체는 법적으로 보장을 받을 수 없기 때문에 신중하게 접근할 문제이나 권리금이 일절 없는 신축 건물의 경우는 그만큼 임대료가 비싸기 때문에 큰 수익을 기대하기 힘들다. 또 권리금은 다시 사업을 인계할 때 환수할 수 있기 때문에 오히려 적정 수준의 권리금을 지불하는 것이 안정성, 환금성 면에서 이득이다.

예를 들어보자. 보통 권리금과 보증금에 대한 수익성을 따질 때 투자대비 월 수익률은 3%~6% 정도다. 즉 창업자가 1억원을 권리금과 보증금으로 투자했을 때 순수 월수입이 3백만원 이상이면 성공적인 케이스인 것이다. 예를 들어 점포 총 투자금액이 1억 3,500만원(보증금 4,000만원, 월 150만원(관리비, 부가세 포함), 권리금 8,000만원, 내부수리 및 기타잡비 1,500만원)으로 강남권에 A매장을 차린 C씨의 경우 투자금 대비 수익률과 월 매출 수익분석을 해보자.

분석 결과 월수입 550만원을 벌어들이는 결론이 나왔으므로 C씨는 권리금과 보증금을 적절히 지불하여 실제로 이득을 취하고 있는 것이다.

1.4. 사업계획서를 작성하라

사업계획서를 작성하는 기본 목적은 3가지다. 우선 자신의 생각을 정리한다는 측면이 있다. 같은 내용이더라도 머릿속에만 가지고 있는 것과 글로 표현해보는 것은 분명 다르기 때문이다. 한번 글로 정리를 해놓으면 향후 어려움이 닥쳤을 때 보다 일목요연하게 상황을 정리할 수 있는 힘이 생긴다. 두 번째 목적은 사업에 도움을 줄 이들을 설득하기 위함이다. 특히 가까이에서 협력자가 되어줄 가족들과 배우자의 신뢰와 지지를 얻기 위해서 이는 꼭 필요한 서류다. 마지막으로 대외용도로써 은행을 비롯한 각종 기관으로부터 금융지원을 받고자 할 때 사업계획서는 빠지지 않는 서류다.

사업계획서의 기본 출발은 사업계획서를 검토할 대상에게 사업의 내용을 정확히 알리고 그들을 설득해 필요한 지원을 얻어내는데 있다. 우선 사업자를 비롯한 사업 아이템, 향후 계획 등을 분명히 제시해야 하며 무엇보다 객관적이고 보편타당해야 한다. 사업 계획서의 가장 앞부분에는 대표자와 조력자의 인적 구성과 대표자의 경력 장점 지원 세력 등에 대한 내용을 상세히 기술한 후 해당 사업을 선정한 이유를 제시한다.

1.5. 자금조달 방법을 찾아라

- 창업비용 : 권리금, 보증금, 월세

구분	10평 기준	40평 기준
최소창업비용	3,000만원	15,000만원
기기설비	1,500 ~ 2,000만원	3,000만원
인테리어	1,500 ~ 2,000만원	8,000만원 ~2억

* 부동산 비용은 제외

[프랜차이즈 창업]
- 가맹비 및 로열티 지불, 창업비용에 있어서 본사 규정대로 시행
- 입지선정, 교육, 인테리어, 기기설비까지 본사의 도움을 받을 수 있음
- 로열티 : E사 순매출의 5%, H사 : 순매출의 3%, T사 : 월80만원,
  E사 : 월15만원

[개인카페]
- 장점 : 내가 원하는 컨셉, 메뉴, 인테리어 등을 꾸밀 수 있음
- 단점 : 전문지식 부족

[프랜차이즈 창업] E사 창업비용

구분	40평 기준(한달 매출 3,000만원 기준)
가맹비	1,000만원
물품보증비(계약만료시 환불)	부동산 2,000만원/현금 1,500만원(택일)
계약기간	3년
인테리어	7,200만원
장비소품	7,800만원
소계	16,0000만원
로열티(월단위)	순매출 5 %

* 부동산 비용은 제외

창업 자금은 '창업에 필요한 자금'이라기보다는 '창업에 도움이 되는 자금'으로 해석해야 한다. 다시 말해 전체 창업비용의 70%는 자신의 능력으로 조달할 수 있어야 한다.

더욱이 분명하게 알아두어야 할 것은 창업을 입증할 수 있는 유일한 방법은 사업자등록증 보유라는 사실이다. 창업이란 사업자 등록을 한 후 사업을 개시해 그 사업이 일정 궤도에 오르기까지의 기간을 모두 의미한다. 따라서 업종 특성에 따라서 2년이 될 수도 있고 3년이 될 수도 있다. 현재 가장 일반적인 창업의 기준은 사업자등록 후 1년을 의미한다. 따라서 이 기간 내에 있는 창업자들이라야 창업자금 지원 대상이 되는 것이다.

그런데 사업자등록을 보유하더라도 일정기간 동안 창업 자금 지원이 되지 않는 경우도 있다. 서울 등 일부 지역신용보증재단에서는 신용보증서를 발급할 때 최소 3개월 이상의 사업 실적을 요구하기 때문이다. 이는 1년 미만의 초기 창업자들에 대한 불신 때문이다.

소상공인지원센터를 통한 자금 조달 방법

소상공인지원센터는 정부가 운영하는 공공 컨설팅 기관이다. 소상공인의 성공적인 창업과 경영 개선을 위해 소상공인과 창업 희망자를 대상으로 창업과 경영에 필요한 전문가 상담, 경영 기술지도, 정보 제공, 교육, 훈련 등을 무료로 실시하고 필요시에는 자금 지원도 해준다.

소상공인 창업자를 위한 자금 지원의 주요 내용은 다음과 같다.

□ 지원 목적

소상공인에 대한 창업 경영 상담 기능과 자금 지원을 연계함으로써 소상공인 지원 효과를 극대화해 신규 고용 창출 및 산업간 균형 발전을 도모하고자 한다.

□ 지원 대상

- 소상공업을 창업하고자 하는 자 및 영위하고 있는 사업자
- 지원 제외 대상 : 금융기관의 불량거래자로 규제 중인 자

1.6. 계약 및 행정 절차 밟기

(1) 인·허가 절차

새롭게 사업을 시작하기 위해서는 그 사업이 인허가를 받아야 하는지 혹은 신고만으로 가능한지 등을 확인할 필요가 있다. 그리고 각각의 경우에 해당하는 서류를 갖추어 해당관청에 제출해야 한다. 사업을 시작하려는 업종이 인·허가 업종인지 신고 업종인지 여부는 해당관청에 설치되어 있는 민원실, 창업지원센터 또는 소상공인지원센터 등에 문의하면 쉽게 알 수 있다.

영업허가증 발급 필요서류 (관할 구청)

- 영업허가 신청서
- 임대차 계약서
- 위생교육필증
- 소방방화설비완비증명서
- 보건소
- 영업설비개요 및 평면구
- 평면구
- 신원조회의뢰서
- 면허세
- 채권매입비

(2) 사업자 등록

모든 사업자는 신규사업을 할 때 사업개시 20일 이내에 반드시 사업자 등록을 해야 한다. 등록은 사업장 소재지 관할세무서 민원봉사실에 다음과 같은 서류를 갖추어 등록 절차를 밟으면 된다.

사업등록은 사업개시 전에도 할 수 있다. 사업개시 전에 상품이나 시설자재 등을 구입하는 경우에는 예외적으로 사업개시 전에 사업자 등록을 하여 세금계산서를 교부받을 수 있다. 예를 들어 인테리어 비용으로 4천만원을 투자한 경우 사업자 등록이 되어 있으면 부가세 400만원을 공제받을 수 있다. 사업자등록이 나오기 전에 물품을 구입하고 싶다면 사업주 주민등록번호를 기재해 세금계산서를 받으면 된다.

사업자등록시 필요서류 (관할 세무서)

- 영업허가증
- 임대차계약서 사본
- 주민등록등본
- 주류 판매업 신고서(일반음식점의 경우)
- 수수료

(3) 세무

- 일반과세자, 간이과세자로 구분
- 간이과세자, 과세 특례자 : 연간 매출액이 4,800만원 이상~1억5천만원 미만인 사업자
- 일반과세자 : 연매출 1억 5000만원 이상인 사업자, 부가세 납부, 세금계산서 발행

(4) 점포 계약 시 주의해야 할 사항

건물주가 세입자와의 계약기간이 만료되고 나서 자신이 직접 점포를 운영하고자 할 경우가 왕왕 발생한다. 이런 경우 세입자 보호 대책으로 제정된 것이 '상가임대차보호법'이다. 이 법의 골자는 세입자가 3회 이상 임차료를 연체하거나 건물에 막대한 피해를 입히는 등 극소수 경우를 제외하고는 최장 5년 동안 기존 계약의 갱신을 요구할 수 있는 권리를 세입자에게 부여한 것이다. 하지만 실질적으로 세입자에게 큰 법적 보호가 일어나는 것은 아니다. 이 경우 지역별 환산보증금이 서울특별시의 경우 임대료×100+보증금=2억 4천만원 미만일 경우에만 법적 보호를 받을 수 있는데 실질적으로 건물주들이 이 법안을 피해가기 위해 보증금과 임대료를 더 올려 받기 때문이다.

창업자(신규 임차인)이 확인해야 할 서류

- 부동산 토지 등기본등본(열람용 발급용이 있으나 발급용이 법적 효력이 있다)
- 건축물 대장-건물에 대한 내력(용도, 지붕 등)
- 토지이용계획확인서 (해당구청)
- 상하수시설, 전기용량 등의 사항

점포 계약시 창업자가 확인해야 할 사항

- 사업자 등록증, 임대차계약서, 주민등록증, 영업신고증이 일치하는지 확인한다. (계약금도 명의자 통장으로 넣는다.)
- 임대료에 관리금이 포함되는지 확인한다.
- 시설, 집기류에 대한 권리는 권리금 안에 포함된다.
- 계약 후 내부를 사진으로 정확히 찍어두는 것이 좋다.
- 계약서를 쓸 때 계약협의, 쌍방합의 등의 말은 쓰지 말자. 후에 분쟁의 소지

가 있기 때문이다.

- 비품도 꼭 체크한다.(계약 후 없어지는 경우가 있다.)

1.7. 창업 후 마케팅

창업이 활기를 띠고 시장 경쟁이 치열해짐에 따라 소규모 사업에서도 홍보의 중요성이 날로 높아지고 있다. 아무리 좋은 상품을 가지고 있다고 하더라도 고객에게 전달하지 못하면 허탕이다. 따라서 자신의 사업에 어울리는 효과적인 홍보 방법을 찾아내지 못하면 시장에서 살아남기 어렵다.

□ 창업자들이 활용하는 홍보 방법과 전략

(1) 사인 마케팅

사인 즉 간판은 점주가 의도하는 내용과 판매하는 제품을 고객에게 효과적으로 전달하기 위한 매우 중요한 마케팅 수단이 된다. 따라서 간판을 어떻게 설치하느냐에 따라 매출도 달라진다.

먼저 첫째, 간판은 한눈에 들어오게 설치한다. 고객은 간판을 통해 업종을 한눈에 파악하기 때문이다. 아울러 간판에는 점포에서 어떤 물건을 파는지를 구체적으로 표시하는 것이 좋다. 일반적으로 대부분의 고객은 점포가 위치하는 장소와 업종은 외우지만 해당 점포명을 정확하게 외우는 경우는 드물다. 따라서 해당점포가 무엇을 파는지를 한눈에 보이게 되면 고객은 부담감 없이 점포로 들어서게 된다.

(2) 포인트 마케팅

단골 고객에게 이용금액, 이용횟수 등의 실적에 따라 보상을 해주는 것을 포인트 마케팅이라고 한다. 고객을 새롭게 확보하기 보다는 단골고객을 유지하는 것이 더 중요하다는 점에서 주목을 받는 홍보방법이다. 보상방법으로는 경품제공, 판매상품 무료제공 등이 있는데, 판매하는 상품을 무료로 제공하는 경우가 일반적이다.

포인트 마케팅을 위해서는 쿠폰을 제작하거나 회원카드를 작성해야 한다. 요새는 쿠폰을 모으는 과정에서 분실될 가능성이 높아 회원카드가 많이 활용되는 추세지만 쿠폰을 보드판을 이용해 카페에서 직접 보관해준다면 이 단점은 극복할 수 있다.

(3) POP(Point of Purchase) 광고

입구나 계산대 등에 전시하여 고객의 즉각적인 구매 욕구를 자극시켜 상품구매로 연결시키는 판촉 수단이다. 신제품이나 기획 상품 판매를 위해 냅킨꽂이나 메뉴판 등을 이용해 POP 광고를 적극 활용할 수 있다. 다른 경쟁 점포보다 품질, 가격, 디자인 면에서 한결 뛰어난 상품을 한 가지씩 갖춰서 이를 주력상품으로 삼아야 한다. 아울러 점포에 들어온 고객이 충동구매를 하도록 유인상품도 갖추어야 함은 물론이다.

이 광고는 신속하게 고객을 설득해서 상품을 구매하게 할 목적으로 제작되기 때문에 그 효과를 높이기 위해서는 눈에 잘 띄어야 하고 쉽게 볼 수 있어야 하고 이해하기 쉬어야 한다는 조건을 충족시켜야 한다. 예를 들어 긴 문장보다는 몇 개의 단어로 짧고 간결하게 핵심을 드러내는 것이 좋다. 일반적으로 노란색이나 오렌지색이 눈에 잘 띄므로 많이 사용된다. 글씨도 몇 가지 색을 혼합해 쓰면 훨씬 눈에 잘 띈다.

(4) 인터넷

인터넷 홍보는 비교적 적은 비용으로 장기간에 걸쳐 많은 사람들에게 알릴 수 있다는 장점이 있다. 또한 전단지 등에 비해 홍보 내용이 풍부하다는 이점도 있다.

따라서 자체 홈페이지가 없다면 지역정보 사이트나 주요고객이 찾는 사이트 등에 점포안내 자료를 올려두는 것도 방법이다. 이 때 할인쿠폰 등을 프린트할 수 있도록 해 오프라인 행사와 연결시키면 효과적이다. 단 인터넷 홍보는 타깃 마케팅이 쉽지 않고 잦은 업데이트가 필요하다는 점을 숙지해야 한다.

(자료 : 월간 COFFEE, 2006년 3월호)

2. 카페 창업 KNOW-HOW

2.1. '유동인구를 파악하라' 점포 입지 선정 및 상권분석

(1) 입지

① 번화가

번화가는 유동인구가 많고 구매력도 높기 때문에 카페를 하기에 최적의 입지라고 볼 수 있다. 그러나 보증금과 권리금이 워낙 비싸 초보자가 창업을 하기에는 위험부담이 크다. 물론 1, 2층, 지하에 따라 매출이 달라질 수 있다는 것도 염두에 둬야 한다.

보통 번화가에 카페창업을 할 경우엔 1층이 비교적 안정적이며, 어느 정도 공간이 넓어야 기본매출을 낼 수 있을 것이다. 번화가는 유동인구가 많다는 장점이 있는 반면 뜨내기손님이 대부분이기 때문에 가능하다면 찾아들어가야 하는 2층이나 지하보다는 1층에 매장을 여는 것이 효과적이다.

② 오피스가

오피스가의 주고객은 직장인들이다. 고정고객이 있다는 면에서는 안정적이지만 주말과 공휴일은 매출이 주춤할 수 있다는 것을 생각하고 휴일을 공략할 아이템을 개발해야 한다. 또한 다종메뉴보다는 단일메뉴로 타 매장과 차별화를 둬야 한다. 보통 오피스가는 대형프랜차이즈 매장들이 포진해 있기 때문에 차별화 전략이 불가피하다. 커피 주 고객인 여성을 타깃으로 단일메뉴를 선택, 케이터링 서비스를 실시하는 것도 방법이다.

카페에 앉아 커피를 즐기는 붙박이 손님보다는 테이크아웃 손님의 비중이 많기 때문에 매장 평수는 10평 미만이어도 크게 무리가 없다.

③ 주택가/아파트

주택가의 경우 목돈을 벌 수 있는 입지는 아니다. 주택가나 아파트 단지를 둔 상권은 상주인구에 의존하는 경우가 대부분이기 때문에 큰 돈을 벌기란 쉽지 않다. 하지만 창업의 위험부담이 적기 때문에 초보자나 여성들에게 추천할만한 입지이다.

생계형 카페 오픈을 하고자 하는 이들 보다는 부업을 하고자 하는 이들에게 맞는 입지이다. 혹은 카페운영 경험을 쌓고자 하는 이들에게도 주택가를 추천한다.

주택가는 다른 곳에 비해 임대료가 싸기 때문에 부담이 적은편이다. 때문에 인테리어나 메뉴 세팅 등 다른 곳에 투자가 가능하다는 장점이 있다. 특히 주택가로 들어서는 골목이나 아파트 초입이라면 금상첨화, 물론 1층에 오픈할 수 있다면 더할 나위 없이 좋지만 이곳에서는 위치를 2층으로 잡아도 크게 무리가 없다. 또한 주 고객이 주부들이니 단순 테이크아웃으로는 성공하긴 어렵고, 머무를 수 있는 공간에 비중을 둬야 한다.

주택가나 아파트 상권이라면 핸드메이드, 즉석제조 쪽으로 가는 것이 바람직하고 커피강좌 등을 동반하면 매출에 도움이 될 수 있다. 수강자들을 통해 빈타임(오전)의 공간 활용을 할 수 있고, 다른 곳과 차별화 돼 카페 운영에 도움이 된다.

④ 대학가/학원가

가격에 상당히 민감한 입지이다. 주고객층이 학생, 수험생 등이기 때문에 그 무엇보다 부담없는 메뉴가격이 가장 중요하다. 대학, 학원가 상권은 오히려 프랜차이즈들은 입점해서 성공하기 쉽지 않지만 개인 창업자들은 뚜렷한 특징이 있으면 운영하기 어렵지 않다. 개성있는 분위기나 저렴한 가격, 메뉴의 푸짐한 양 등 확실하고 독특한 컨셉이 있으면 학생이나 수험생들의 발길을 사로잡을 수 있다. 이곳은 입지 특성상 한번 입소문이 나면 명소가 되는 것은 순식간이고, 그 인기 또한 오랫동안 유지될 수 있다.

학원가보다는 대학가의 소비가 높은 편이지만 대학가는 방학이 있다는 사실을 염두에 두어야 한다. 때문에 개학동안 매출을 올려놓지 못하면 힘들 수 있다.

(2) 층수별 입지선정

① 지하 1층

지하 1층 매장의 적정 임차비용은 지상 2층과 3층의 중간선이면 적절하다고 볼 수 있는데, 지하 특유의 답답함을 줄이기 위해 환기시설을 갖춰야 하며 가능하면 공간이 넓은 것이 좋다. 매장으로 연결된 계단은 일직선이어야 하고 높이는 15㎝가 거부감 없다.

그러나 실제로 지하에서 성공을 거둔 카페가 많지 않기 때문에 가급적이면 지하는 피하는 편이 좋다.

굳이 지하 1층에서 카페를 운영할 수 밖에 없다면 개성있고 독특한 콘셉으로 가야한다.

② 지상 1층

지상 1층은 지하나 2층보다 30~50% 이상의 매출이 추가로 발생할 수 있는 이상적인 공간이다. 1층은 테이크아웃과 테이블서비스를 병행할 수 있는 점포로, 최적의 입지라고 볼 수 있다. 또한 다른 층에 비해 메뉴를 선택하는데 시간적으로 여유롭지 못하다는 것을 감안해 빠르게 서브될 수 있는 메뉴들을 구성하는 것이 바람직하다.

③ 지상 2층

지상 2층은 계단의 위치가 무엇보다 중요하다고 할 수 있는데, 계단은 전면에서 경사가 완만해야 하고 높이는 15㎝를 넘지 않는 것이 좋으며, 입구 계단이 전면이 아닌 옆이나 뒤에 있는 것은 피하는 것이 좋다. 가능하다면 계단이 전면에 있는 2층 매장을 선택하는 것이 좋다. 2층은 1층과는 달리 여유를 갖고 찾아오는 고객이 주, 메뉴도 그에 맞춰 빠른 것보다는 완성도 있는 것이 적절하다.

④ 지상 3, 4층

지상 3, 4층은 1, 2층에 비해 임차 보증금이 30~50% 저렴해서 초기 투자비용을 줄일 수 있다. 그러나 고객이 직접 찾아 들어와야 한다는 단점이 있기 때문에 다른 곳과 차별화된 전략이 있지 않고서는 운영이 힘들다.

(3) 상권조사

어떤 카페를 운영할 것인지 선택했다면 이제 그에 알맞은 입지를 구하는 것이 순서이다. 그러기 위해서는 상권조사가 필수인데, 상권조사는 위에서도 언급했던 바와 같이 매물점포를 중심으로 1차, 2차, 3차 상권으로 나눠 경쟁점포 확인, 가격대, 유동인구 등을 조사하는 것을 말한다.

1차 상권은 약 500m 이내의 거리(고객의 70% 정도), 2차 상권은 1㎞ 이내의 거리(고객의 30%), 3차 상권은 2㎞이내의 거리(고객의 10%)를 말하며, 어느 상권에 창업을 하느냐가 매우 중요하다고 볼 수 있다.

① 인구 및 세대수 조사

창업을 위해 점포를 여럿 둘러봐도 어떤 곳이 더 좋은지 판단이 서지 않을 때가 많다. 그럴 경우에는 내가 선정한 점포를 지나는 인구가 얼마나 되는지를 먼저 파악하면 쉽게 접근할 수 있다. 아무리 마음에 쏙 드는 점포를 선택했다

하더라도 유동인구가 없다면 그 곳은 가치 없는 공간이다. 유동인구를 조사하는데 있어서 포인트는 인구 및 세대수, 소비관계, 상권관계 등을 확인해야 한다는 것이다.

점포가 위치한 상권의 형태와 규모를 파악하고, 상권 주위의 인구수를 계산하면 대략적인 잠재고객수를 알 수 있다. 인구수 조사는 성별과 연령별로 나눠서 조사하면 되는데, 조사는 개인이 하기 힘들기 때문에 동사무소나 관할구청을 이용하면 보다 편하다(인터넷 통계청 홈페이지에서도 무료로 알아볼 수 있다).

② 통행인수 조사

통행인수 조사 외에 통행인의 흐름, 통행 목적 등을 정확히 조사해야 한다. 아무리 통행이 빈번한 지역이라고 해도 통행인의 목적이 카페와 맞지 않다면 장사가 될 리 없기 때문이다. 시간대별 통행량 등의 세부조사를 통해 매출을 가늠하고 그에 맞는 영업 전략을 구상해야 한다. 통행량 조사는 시간대별, 성별, 연령별로 체크리스트를 만들어, 정확성을 위해 여러 번 조사하는 것이 좋다. 하지만 이 조사는 혼자서 할 수 있는 일이 아니기 때문에 일정의 금액을 들여서 아르바이트를 고용하는 것이 좀 더 효율적이다.

일본의 경우 매장을 찾는 손님들을 체크하는 아르바이트가 있는데, 매장에서 타깃으로 삼은 고객이 얼마나 들어오는지 확인하고, 이것을 토대로 권리금을 조정하기도 한다.

통행인수 조사는 반드시 필요한 절차이니 번거롭더라도 꼭 실시할 것을 권한다.

③ 소비관계 조사

유사업종의 매출을 통해서 나의 예상매출액을 산정해 볼 수 있다. 매장 근처의 동종업종의 추이를 살펴보고 점포 위치 상권 내 고객의 소비동향과 구매행동을 살핀 후 객단가를 설정한다.

④ 교통망 현황조사

도로변에 입점하려는 매장에게는 매우 중요한 사항이다. 매장 부근의 정류장, 전철역 등을 살피고 인도의 폭이 어느 정도인지 등도 살피는 것이 좋다. 인도가 넓으면 보행자가 편한 마음을 갖게 되므로 구매의욕을 일게 하며, 카페의 경우라면 매장앞에 테라스를 설치해 고객을 유도하는 마케팅 전략도 필요하다. 그러나 차도와 인도가 구분되지 않아 부산하거나 차량 흐름이 빠른 곳은 피하는 것이 좋다.

⑤ 상권도 작성

상권도란 예정 점포의 위치를 약도 형식으로 그리는 것을 말하며, 이는 상권조사를 정확하게 하고 추후 상권을 재분석하기 위해 필요한 절차이다. 가능하다면 점포의 위치와 상호, 업종 등을 기재하고 도로폭, 차량 진행방향, 횡단보도 등을 표시한 상권도를 그려두는 것도 좋다.

- 카페창업, 점포계약 가이드
- 점포임차비용의 구성
- 점포 계약 과정
- 점포 계약 유의사항
- 건물주와 계약 시 발생할 수 있는 문제들

2.2. 카페 창업의 꽃, 인테리어

(1) 단계별 인테리어

① 공간의 성격과 명확한 아이템 컨셉 잡기
② 메뉴에 대한 이해
③ 상호선정
④ 인테리어 디자이너 선택
⑤ 인테리어 컨셉 잡기
⑥ 인테리어 공사

- 사인
- CI
- 디자인 및 설계
- 시공
- 기물 및 가구 배치
- 마무리 시공

(2) 분위기별 카페 인테리어

① 앤틱 Antique
② 모던 Modern
③ 디자인 Design
④ 내추럴 Natural
⑤ 빈티지 Vintage

2.3. 내게 맞는 카페장비, 어떻게 고를까?

카페는 다른 음식점과는 다르게 특별한 장비가 필요하다. 로스터리숍을 콘셉으로 잡았다면 로스팅을 위한 장비가 필요할 것이고, 에스프레소를 기반으로 한 메뉴를 주력으로 한 커피 전문점이라면 에스프레소 머신이 꼭 필요할 것이다. 이외에도 커피콩을 가늘게 갈아내는 그라인더, 음료의 90% 이상을 차지하는 물의 품질을 조절하는 정수기, 아이스 음료를 만들기 위한 장비인 블렌더, 제빙기 등 많은 장비가 필요하다. 카페를 창업하기 위해 필요한 모든 장비에 대해 살펴보자.

- 에스프레소 머신
- 그라인더
- 정수기
- 블렌더
- 제빙기
- 빙삭기
- 드립커피 장비
- 로스터
- 냉장고

* A/S 고려
카페에 필요한 장비는 정말 많다. 구매해야 할 품목도 많거니와 해당 장비의 종류도 정말 다양하다. 장비를 선정할 때 카페의 분위기에 맞는 디자인의 상품을 구입하는 것도 당연하지만, 무엇보다도 중요한 것은 A/S이다. 장비 하나하

나가 고가이다 보니 사후관리를 잘해야 장비의 수명을 연장할 수 있다. 혹여 문제가 생기더라도 A/S를 받을 수 있는 장비를 선택하는 것이 좋다.

Bar 안에 필요한 장비 체크리스트(전체품목)

품목	개수	품목	개수	품목	개수	품목	개수
에스프레소머신		냉장고(탁자형)		온도계		시럽통	
그라인더(ESP용)		쇼케이스		계량스푼		종이컵, 뚜껑	
브루어 머신		금전등록기		플라스틱 계량컵		컵홀더	
그라인더(드립용)		휘핑기(가스)		2 샷 비커		아이스컵, 뚜껑	
정수 필터		소다 사이폰(가스)		샷 글라스		네프킨	
제빙기		정수필터(조리수밸브)		머신 크리너		행주	
빙삭기		탬퍼		시럽 펌프		트레이	
컵워머기(선택)		넉 박스		소스 펌프		솔 붓	
블렌더(방음케이스)		밀크포트(대중소)		빨대		컵 트레이	
냉동/냉장고		바스푼, 티스푼		스틱		스틱 꼽는 통	

2.4. 컨셉을 정해라

(1) 에스프레소 전문점 : 신속성, 효율적인 동선, 맛의 전문성, 약 20평정도

(2) 테이크아웃 전문점 : 10평 내외, 2~5개 테이블, 오피스가, 대학, 학원가
- Shop in shop : 초기 투자비용 저렴, 3평이하

(3) 로스터리 카페 : 로스팅머신 초기투자비용 높으나, 장기적으로 원가절감, 질좋은 생두사용 마케팅효과, 원두판매수익, 전문적인 지식, 시간투자와 노력필요, 20평 이상, 제조신고

(4) 드립전문카페 : 10~20평, 커피의 신선도, 추구하는 맛의 균일성 유지, 커피지식 뒷받침, 풀서비스 운영(소비자들에게 질높은 서비스 제공)

(5) 복합 아이템 카페 : 디저트카페, 베이커피카페, 브런치카페 등 디저트나 음식을 함께 판매, 차별화된 사이드 메뉴 개발, 메뉴 3~4개 유지, 북카페나 갤러리카페처럼 문화와 접목

2.5. 사이드 메뉴

- 사이드 메뉴 전체 매출의 20%
- 프랜차이즈별 베스트 사이드 메뉴
- 간단한 식사대용 샌드위치도 인기
- 개인숍 사이드 메뉴

사례

- 홈메이드 방식의 당근케이크
- 손님들의 반응에 민감하게 대응
- 상권분석에 따른 특색 있는 사이드 메뉴 개발

2.6. 고객 심리 잡으면 매출 오른다

(1) 고객 유형을 파악하라

장형

장형은 골격이 크고 목소리 톤도 굵은 장부 스타일이다. 평소 표정은 무뚝뚝하고 굳어있으나 화가 나거나 기분이 좋을 때는 말도 많고 소리도 커지는 등 에너지를 크게 쓰는 타입이다. 이들은 불가능한 상황을 진두지휘하여 한번에 전세를 역전시키는 힘을 가진 행동파이며 주로 자신의 영역을 구축하고 장악하고 싶은 욕구가 강하다. 이것이 뜻대로 되지 않을 때는 상당히 분노한다.
"당연히 그래야지!", "그런 건 기본 아니야?", "내 솔직하게 말하면..."이라는 말을 자주 사용하는 이들이 중요하게 여기는 시제는 미래와 과거보다 현재이므로 이들은 늘 지금, 당장 충실히 일하는 성실파이기도 하다.

가슴형

촉촉한 눈빛, 감성적인 표정이 트레이드 마크인 가슴형이 가장 중요시 여기는 것은 타인과의 관계이다. 인맥이 곧 재산이라고 생각하는 이들은 사람들의 마음에 공감을 잘 하는 천부적인 능력을 타고났다. 이들의 주요 시점은 과거다. 그래서 지난 일들과 옛사랑을 마음에 품고 두고두고 그리워하거나 생각하는 경향이 강하고 이런 면들이 더욱 이들을 감성적인 낭만주의자로 보이게 한다.
가슴형을 가리키는 말들은 도우미, 낭만주의자, 멋쟁이, 휴머니스트, 수호천사, 약방의 감초 등이다.

머리형

머리형의 대화체는 '핵심'만 간단히, '논리적'으로, '사실'만 등이다. 이들은 앞, 뒤, 전후 상황을 논리적으로 파악하기를 좋아하며 평소에도 정보를 수집하는 데 많은 시간과 돈을 들인다. 이들에게 중요한 것은 무조건 많이 아는 것이고 많이 알아야 불안한 미래에 대비할 수 있다고 생각하기 때문이다. 그래서 늘 신문이나 잡지를 가까이 두고 산다.

(2) 유형별 응대, 이렇게 하라

장형 - "고객은 왕이다"

모든 상황을 통제하길 좋아하는 장형 고객에게는 '고객은 왕이다'라는 불문율을 잊지 마라. 장형 고객은 신하가 왕을 대하듯 깍듯하고 겸손한 접대를 선호하기 때문이다. 친하지 않은 고객이라면 실없는 농담을 하지 말자. 장형 고객은 자기를 너무 편하게 생각하면 오히려 불쾌감을 느낄 수 있다. 음료를 골라달라고 하면 비싼 것 위주로 권해야 만족해한다. 고객의 메뉴 선택시부터 혼자 내버려두지 말고 옆에서 적극적으로 돕도록 한다. '알아서 깍듯이 모시겠습니다'라는 서비스 마인드로 무장해야 좋아하며 한번 신뢰가 쌓이면 무조건 믿어주는 스타일이어서 편하게 지낼 수 있다.

가슴형 - "역시 센스가 남다르세요"

'머리 스타일 바뀌셨네요', '너무 잘 어울리세요' 두 번 본 가슴형 고객이라면 외모에 대한 칭찬을 하라. '센스있다', '감각있다'라는 말을 가장 좋아하는 가슴형 고객들이므로 분명 기뻐할 것이다. 음료를 권할 때도 특이한 것, 새로 나온 것이지만 보편적으로 많이 나가지는 않는 것들을 권해본다. 아무리 값이 비싸더라도 독특한 자신의 취향을 만족시킨다면 이들은 흔쾌히 지갑을 연다.

머리형 - "이 커피는 약배전입니다"

머리형 고객을 단골로 삼는 데는 시간이 많이 걸린다. 커피 한잔을 마시더라도 가격, 인테리어. 컴플레인에 대한 주인의 대처 등을 꼼꼼히 분석한 후 맘에 들면 말없이 드나드는 스타일이기 때문이다.
음료 선택은 본인이 할 것이므로 고르기 전에 친절하게 대할 요량으로 이것저것 권하면 상당히 귀찮아 할 수 있으므로 조심하자. 대신 커피를 내주면서 '주문하신 커피는 브라질 워시드 커피이며...' 등 커피 산지나 추출 방법, 로스팅 등에 대한 객관적인 정보를 주자.

(3) 고객불만 대처 How To

장형 - 대표가 직접 사과하라

장형은 문제가 생겨도 크게 문제 제기를 먼저 하지 않는다. 먼저 알아서 해결해 주길 바라는 것이다. 그런데 직원이 눈치없이 불손하게 즉각적으로 처리해주지 않으면 테러고객으로 돌변해 모든 게 거칠어진다. 소리를 지르고 테이블을 탕탕 치며 "사장 나오라고 해"라고 말할지 모른다. 이때는 사장과 대면시키는 것이 가장 빠른 해결책이다. 제일 높은 사람이 나와 정중히 사과하면 장형 고객은 화를 누그러뜨릴 것이다.
장형은 현재 무시당했기 때문에 화가 난 것이므로 자신의 격과 잘 맞는 최고 대표가 나와 사과해야 화가 풀리는 것이다.

가슴형 - "어머머, 놀라셨죠? 정말 죄송해요"

가슴형은 문제가 생기면 먼저 억울하다고 하소연하는 투로 불만을 제기할 것이다. 이때는 "어머머, 놀라셨죠? 정말 죄송해요"라는 식으로 먼저 고객의 심정을 먼저 이해해주는 게 중요하다. 머리형에게 하듯 절차대로 간단히 해결하고 돌아서면 문제가 해결돼도 내내 괘씸하고 억울하게 생각할 것이다. 고개를 끄덕이고 맞장구를 쳐주면서 함께 속상해하고 미안해하면 아무리 큰 실수를 저질렀다고 해도 결코 야박하게 대하지 않는 게 가슴형 고객이다.

머리형 - 신속하고 조용히 처리하라

머리형은 감정을 자제하고 왜 이런 사태가 발생했는지 조리 있게 따지고 물을 것이다. 이때 실질적인 문제 해결은 안 해주고 연신 죄송하다고만 하면 완전히 마이너스다. 신속하고 빠르게 불만 사항을 해결해주고 문제발생 원인과 해결

방법 등을 머리형이 이해 가능하도록 논리적으로 설명하라. 논리적으로 상황이 이해가 되고 사리에 맞게 해결이 되면 조용히 넘어가는 스타일이다. 일이 커진다거나 감정적인 처리 방식을 이들은 싫어한다는 것을 명심하자.

(4) 유형불문, 통(通)한다

구슬이 서말이라도 꿰어야 보배, 장도 담가야 맛이 난다. 고객의 마음을 사고 싶다면 좋은 마음을 표현해야 한다. 미소, 경청, 질문, 칭찬 이 네 가지는 가장 쉽고 단순하면서도 고객의 마음을 살 수 있는 것들이다.

거울보고 웃어보기

백만불짜리 웃음을 습관화하기 위한 방법은 거울을 보고 연습하는 것이다. 거울을 자주 보면 상황에 따른 표정관리가 가능해지고 나만의 개성 있는 표정을 연출할 수 있게 된다. 특히 카페 운영자가 경직된 장형 스타일이라면(사실 고객의 성향을 알기 전에 운영자 자신의 성향을 먼저 아는 것이 더 중요하다.) 더욱 효과가 있다.

집중해서 경청하라

한 고객이 카페에서 주인장을 붙들고 개인적인 이야기를 하고 있다면 그가 정말로 들어주길 원하는 것은 객관적인 사실이 아니라 그에 대한 자신의 입장이라는 것을 이해하자.

애정 어린 질문을 던져라

다소 지쳐 보이는 고객이 혼자 왔는데 어떻게 대하는 것이 옳은 방법인지 감이 안온다면 사소한 것 하나를 넌지시 질문해보자. 누구의 관심도 받고 싶어 하지 않는 고객이라면 그냥 웃고 넘어갈 것이고 관심을 받고자 하는 고객이라면 의외로 속마음을 털어놓을 수도 있다. 애정 어린 질문은 종종 또 다른 대화의 실마리가 되곤 한다.

타이밍을 맞춰 칭찬하라

칭찬 싫어하는 사람은 없다. 카페를 찾아오는 고객에게 칭찬을 하려면 그만큼 고객 한 사람 한 사람에게 집중해야 한다. 고객관리카드를 통해 고객의 생일을 정확히 알아 축하 메시지를 전하자. 단 타이밍을 놓치면 안된다. 한 달이 지난 생일을 축하한다고 얘기하는 것은 맥빠지는 일이다.

가장 쉬운 방법은 칭찬거리가 눈에 띄었을 때 바로 하는 것이다. 머뭇거리지 말고 바로 하는 것이 타이밍을 놓치지 않는 비결이다.

자료 : 월간 COFFEE, 2006년 6월호

2.7. 성공적인 메뉴세팅 노하우

한번에 두 가지를 해결할 수 있는 멀티를 선호하는 현대인들. 그들의 성향에 맞추기 위해 다양한 아이템으로 승부하는 멀티숍들이 속속 생겨나고 있고 커피숍, 음식점 등의 일반매장에서도 주 메뉴에 독특한 사이드메뉴를 추가하며 경쟁력을 부각시키고 있다.
기발한 아이템을 무기로 등장한 멀티숍, 테마카페들의 등장으로 더 이상 한 가지 아이템만으로 승부를 내기 어려워졌다. 물론 이 같은 숍의 등장이 전체적인 이유는 아니다. 커피와 함께 케이크, 빵 등이 판매되고, 이른 아침 출근하는 직장인들을 위한 모닝 샌드위치를 판매하는 등 오래전부터 숍 멀티화는 진행되어 왔었다.
그렇다면 어떤 메뉴를, 어떻게 세팅해야 경제적 손실을 막을 수 있으며, 고객들의 입맛을 사로잡을 수 있을까.

(1) 메뉴세팅의 기본 알기

- 메뉴 세팅 시 가짓수는 적게 하는 것이 좋다.
- 상권, 입지, 고객층에 맞춘다.
- 안정적이 메뉴 선정에 중심을 둔다 : 비용, 조리시간 절약 - 샌드위치, 와플류
- 계절 메뉴로 특수를 기대한다 : 빙수, 과일주스
- 계속해서 메뉴를 업데이트한다.

(2) 입지선정에 따른 메뉴세팅

- 번화가 : 하나의 메뉴라도 전문화가 중요, 소비층의 특징과 선호도를 철저히 분석
- 오피스가 : 남녀 직장인의 취향과 기호를 반영하는 메뉴 세팅, 세트메뉴 제

공, 주말이나 공휴일 매출 공백 최소화, 할인이나 원플러스원 등의 이벤트

- 주택가/아파트 : 주부, 카페에 오래도록 앉아서 먹고 마실 수 있는 메뉴 위주로 세팅, 구매형태의 변동 미비하므로 인기메뉴 위주로 지속
- 대학가/학원가 : 가격이 제일 중요, 운영비용을 줄일 수 있는 샌드위치나 와플류, 식사대용, 베리에이션 커피 주력

2.8. 사인, 메뉴판도 경쟁력이다

맛에 앞서 눈으로 먼저 시선을 끄는 사인(간판). 내 가게의 주 메뉴를 선보이기에 앞서 먼저 보이는 사인, 그 사인에도 숍 나름의 의미와 원칙이 숨어있다.

사인(간판)의 사전적 의미는 상점, 영업소, 기관 등에서 그 이름(판매상품, 영업종목)등을 써서 사람의 눈에 잘 띄도록 걸거나 붙이는 표지를 뜻한다. 하지만 요즘의 사인은 상점의 이름을 내거는 수준에 그치지 않으며, 사인을 통해 그 숍의 분위기와 자신의 숍 나름의 개성을 표현하기도 한다. 이젠 사인도 경쟁력이며, 광고의 일종이다. 단지 상점 명을 알리기 위한 시대는 이미 지났다는 것을 의미하며, 상점의 이름을 내거는 단순한 행동에 그쳐서는 경쟁에서 살아남을 수 없다는 것을 뜻하기도 한다.

빨강숲

CONCEPT

카페 빨강숲은 정연우 사장의 갤러리 카페 1호인 안국동 작은숲의 분위기를 고스란히 옮겨왔다. 인간은 자연과 예술을 떠나서는 살 수 없는 법, 빨강숲은 자연과 예술이 공존하며, 카페 내부와 외부 모두에 자연과 예술이 숨쉬고 있다. 예술작품과 음악, 차가 함께 어우러진 갤러리 카페 빨강숲의 독특한 사인은 이미 잘 알려져 있는 바이며, 강렬한 붉은 색과 하얀색의 조화가 멋스럽다. 자칫 평범해 보일 수 있는 사인을 컬러를 통해 특별하게 만들었으며, 멀리서도 한눈에 알아 볼 수 있는 광고효과를 누리고 있다.

Choco Croa

CONCEPT

'초크네집'이라는 재미난 컨셉트와 귀여운 캐릭터를 통해 아늑하고 편안한 느낌을 풍기는 초크 크로아는 베이커리와 카페를 결합시킨 복합 베이커리 카페로 일본에서 직수입한 오리지널 생초콜릿을 이용한 다양한 크로와상과 베이커리 메뉴와 음료 등을 한 매장에서 모두 취급하고 있는 것이 특징이다.

자료 : 월간 COFFEE, 2006년 2월호

좋은 간판 디자인의 8가지 원칙

- 여백의 미를 살리며 작고, 적으면서 호소력있게 만든다.
- 색상과 조명이 자극적이지 않으면서 악센트를 준다.
- 평면에서 탈피하여 입체형 기법을 구사한다.
- 심벌과 조형 이미지 등 그림문자를 활용해 상점의 특징을 알린다.
- 건축물의 벽면과 구조체를 배경으로 사용한다.
- 다양한 재료를 활용한다.

- 주변 광고물과 통일감을 주면서 개성을 살린다.
- 건축물의 양식과 요소, 주변 환경과 어울리게 만든다.

자료 : 서울시립대 조경진 교수의 좋은 간판 디자인 원칙의 8가지 예시

2.9. 카페문화, 그 디테일의 완성 - 컵(Cup)

(1) 카페문화, 그 디테일의 완성

법정스님은「무소유」에서, '우리는 필요에 의해서 물건을 갖지만, 때로는 그 물건 때문에 마음이 쓰이게 된다'고 하였다. 빈털터리가 되라는 말이 아니라, 불필요한 것을 가질 필요가 없다는 뜻이다.

그러나 우리는 가져야 한다. 컵은 음료를 담는 기능만 갖추면 되지만, 인간은 대체로 그런 수준에서 만족하지 못한다. 차는 찻잔에, 물은 글라스에, 커피는 커피잔에 따라 마신다. 아마 절(寺)에서도 차는 꼭 다기(茶器)를 이용해 우려낼 것이다.

음료가 차가운지 뜨거운지, 짙은지 묽은지, 많은지 적은지에 따라 우리는 각각 다른 소재와 디자인의 컵을 쓴다. 꼭 그러란 법은 없으나 왠지 그래야만 할 것 같다. 그것이 바로 문화(文化)다.

(2) 유형별 컵의 특징 ; 다각 다색의 컵

보온유지를 위한 디자인, 데미타세

데미타세는 약 5cm 높이의 작은 잔이다. 에스프레소 한잔은 1온스(약30㎖)로 일반적인 커피나 차에 비해 양이 적다. 때문에 추출되어 마시기까지의 사이에 공기와 접촉하면서 온도가 떨어지는 정도와 속도가 여느 메뉴보다 훨씬 빠르다. 이를 보완하기 위해 전체적으로 열 손실을 최대한 줄이도록 디자인 되었다.

먼저, 잔과 손잡이는 두껍게 만들고 잔 바닥을 평평하지 않게 둘레로 턱을 만들어 외부 온도로부터 보호한다. 잔 받침 역시 바닥에 턱을 두는데 잔 아래 부분과 잔 받침을 떨어뜨려 놓음으

로써 열의 손실을 최소한으로 줄인다. 이 세트의 받침에는 데미타세를 균형 있게 잘 올려놓을 수 있도록 잔의 턱과 정확히 들어맞는 둥근 홈도 패여 있다.

활용도 만점의 머그잔

요즘 일반 카페나 소비자들에게 가장 인기 있었던 것이 바로 머그잔이다.

일반적으로는 잔 받침이 따로 없이 전체적으로 모던하고 편안한 스타일이 많지만 뚜껑을 함께 구성하여 음료를 오래두고 마시기 편리하도록 한 것들도 있다. 또, 거름망이 있는 머그잔은 홍차나 녹차를 간단하게 걸러 마실 수 있도록 만들어 다양한 활용이 용이하다.

디자인 역시 겉면의 그림과 형태에 소재의 제한을 두지 않아 일반 찻잔보다 독특하고 소비자 각각의 개성을 만족시킨다. 이는 디자인의 한계가 없고 수 십 가지의 느낌과 색깔을 낼 수 있기 때문에 장식소품으로 사용해도 손색이 없다.

향을 가득 담은 곡선형 찻잔

테두리가 넓은 잔은 음료를 마시기 편하기도 하지만 공기에 닿는 면적이 넓어 음료의 향을 즐기기에 좋다. 때문에 향을 즐기며 마시는 커피와 홍차, 과일차, 허브차 등을 담을 때 주로 사용된다. 또한 테두리가 곡선 모양을 취해 내용물이 흐르지 않고 입 안으로 잘 들어간다.

다양한 느낌을 연출하는 유리잔

유리잔의 가장 큰 특징은 투명함이다. 그 자체만으로는 색감과 질감이 단순 밋밋하지만 무엇을 담느냐에 따라서 느낌이 달라져 그에 따른 분위기를 연출할 수 있다. 보통 연한 커피나 맑은 차, 꽃차를 담을 때 주로 사용한다.

쉽게 깨지는 재질이 단점이지만 최근에는 색이 들어간 유리잔을 인테리어에 활용하기도 해 그 용도의 폭이 증가하고 있다.

반영구적이고 세련된 스테인리스컵

스테인리스컵은 색감과 질감이 자칫 차가운 느낌을 줄 수도 있지만 반대로 세련되고 심플한 이미지가 강해 모던한 분위기의 매장에 어울리는 아이템이다.

무엇보다 견고하고 쉽게 손상되지 않아 가정에서는 물론 사무실, 차량, 등산 등 외부활동에서 다용도로 사용할 수 있다. 젊은 층에게는 간편하면서 고급스러움이, 주부나 중장년층에게는 반영구적이고 활용도가 높은 것이 인기 이유이다.

간편하고 부담없는 플래스틱 컵

플래스틱 컵은 가볍고 여러 층을 겹쳐 쌓아도 깨질 염려가 없어 커피숍이나 음식점 등에서 많이 사용하고 있다. 또한 열전도율이 낮아 입술이나 손을 데일 경우가 적고 다양한 색상의 제작이 가능해 그 자체로 소품 역할을 한다.

> **Tip 컵 형태에 따른 맛**
>
> **테두리가 넓은 컵에는 신맛이 강한 커피가 적당하며, 모양이 일직선인 컵에는 쓴맛이 강한 커피가 적합하다. 이것은 혀의 표면에 맛을 느끼는 세포의 분포와 관계가 있다. 테두리가 넓은 타입의 컵으로 마시면, 음료가 입 안 전체로 퍼져 혀의 좌우에 신맛을 느끼는 부분을 자극하기 쉽다. 한편, 일직선 타입의 머그잔으로 마시게 되면, 음료가 쓴 맛을 느끼는 혀 안쪽 부분을 일직선으로 자극해 쓴맛을 느끼기 쉽다.**

자료 : 월간 COFFEE, 2007년 1월호

(3) 컵 관리법

- 세척시 부드러운 천이나 스펀지 사용 ⇒ 거친 금속성의 수세미를 사용하게 되면 제품에 손상이 올 수 있다. 반드시 부드러운 천이나 스펀지로 미온수에서 닦아내야 한다. 온수에 장시간 두면 물때가 낄 수 있으니 사용 후 바로 세척한다.
- 식용소금 사용 ⇒ 커피나 차 찌꺼기는 식용소금으로 닦으면 깨끗하게 사라진다.
- 자기를 포개서 보관할 때에는 그 사이에 천이나 냅킨을 넣어 흠집을 방지한다.

- 잔에 금이 갔을 때에는 우유를 넣은 냄비에 잔을 담고 4~5분 정도 끓인다.

(4) 좋은 도자기 고르는 법

- 그릇을 가볍게 두드렸을 때 맑은 금속성이 울려 퍼지는 것
- 손으로 그릇 표면을 만져보았을 때 매끄럽고 감촉이 좋은 것
- 밝은 불빛에서 그릇을 비췄을 때 잔에 손가락이 보일 만큼 투과성이 좋은 것

세계의 유명한 커피도자기 회사

Brand	원산지	창립자	설립년도
Meissen (마이센)	독일	Johann Friedrich Bottger	1709
Richard Ginori (리차드지노리)	이탈리아	Carlo Ginori	1735
Villeroy &Boch (빌레로이&보흐)	독일	Villeroy &Boch	1748
Royal Crown Derby (로얄크라운더비)	영국	William Duesbery	1750
Royal Worcester (로얄워스터)	영국	Johon Wall	1751
Wedgwood (웨지우드)	영국	Josiah Wedgwood	1759
Spode (스포드)	영국	Josiah Spode	1770
Royal Copenhagen (로얄코펜하겐)	덴마크	Muller	1775
Aynsley (앤슬리)	영국	John Aynsley	1775
Minton (민튼)	영국	Thomas Minton	1793
Hutschenreuther (후첸로이터)	독일	Carl Magnus Hutschenreuther	1814
Royal Doulton (로얄덜튼)	영국	John Doulton	1815
Herend (헤런드)	헝가리	Vince Stinggle	1826
Christofle 크리스토플	프랑스	Christofle	1841
Bernardaud (베르나르도)	프랑스	Bernardaud	1879
Rosenthal (로젠탈)	독일	Phillip Rosenthal	1879
Lenox (레녹스)	미국	Walter Scout Lenox	1889
LLADRO (야드로)	스페인	Juan, Dose, Vincente	1950
Dunnon (두눈)	영국		1973
Noritake	일본	Morimura	1904

참 고 문 헌

권장하, 바리스타의 길, (주)미스터커피 SICA 출판부, 2003
김민주, 커피경제학, 지훈출판사, 2008
김영한·임희정, 스타벅스 감성마케팅, 넥서스 Books, 2003
문준웅, 커피와 차, 현암사, 2004
박종만, 커피기행, 효형출판, 2007
변광인·이소영·조연숙, 에스프레소 이론과 실무, 2008
안우규·이정미, 바리스타 창업실무, 한올출판사, 2008
장상문·허경택·이정기·김윤호 공역, 커피학, 광문각, 2006
전광수·이승훈·서지연·송주은, 기초 커피바리스타, 형설출판사, 2008
조윤정, 커피, 대원사, 2007
가도와키 히로유키 지음, 김진경 옮김, 에스프레소 만들기, 우듬지, 2006
Gerhard A. Jansen 지음, 송주빈 편역, 커피로스팅, 주빈, 2007
ウィソウィソ, 珈琲, 池田書店, 2004
富田佐奈榮, コーヒーのすべて, 主婦の友社, 2004
堀口俊英, 珈琲, 永岡書店, 2004
월간 COFFEE